Philosophie et développement

De la philosophie de questionnement du développement aux perspectives de l'émergence

Collection « Études africaines »

dirigée par Denis Pryen et son équipe

Forte de plus de mille titres publiés à ce jour, la collection « Études africaines » fait peau neuve. Elle présentera toujours les essais généraux qui ont fait son succès, mais se déclinera désormais également par séries thématiques : droit, économie, politique, sociologie, etc.

Dernières parutions

KIYINDOU Alain, ANATE Kouméalo, CAPO-CHICHI Alain (Dir.), *Quand l'Afrique réinvente la téléphonie mobile*, 2015

FAME NDONGO (Jacques), *Essai sur la sémiotique d'une civilisation en mutation. Le génie africain est de retour*, 2015.

TCHAKOTEU MESSABIEM (Liliane), *Droit OHADA - Droit français. La protection des créanciers dans les procédures collectives d'apurement du passif*, 2015.

AMBOULOU (Hygin Didace), *Le Droit des entreprises en difficulté dans l'espace OHADA*, 2015.

AMBOULOU (Hygin Didace), *Le Droit de l'arbitrage et des institutions de médiation dans l'espace OHADA*, 2015.

BASSÈNE (René Capain), *Casamance. Récit d'un conflit oublié (1982-2014)*, 2015.

DOSSI (Faloukou), *L'universalisation de la démocratie, Vers la théorie habermassienne de la démocratie*, 2015.

NDOMBET (Wilson-André, dir.), *Processus électoraux et immobilisme politique au Gabon (1990-2009)*, 2015.

ANGOULA (Jean-Claude), *L'Église et l'État au Sénégal, Acteurs de développement ?*, 2015.

MOUCKAGA (Hugues), OWAYE (Jean-François) WANYAKA (Virginie), *Démocratie et/ou démocrature en Afrique Noire ?*, 2015.

TOPPÉ (Gilbert), *Éducation aux archives. Théorie, pratique et valorization*, 2015.

Ces dix derniers titres de la collection sont classés
par ordre chronologique en commençant par le plus récent.
La liste complète des parutions, avec une courte présentation
du contenu des ouvrages, peut être consultée
sur le site www.harmattan.fr

Sous la direction de
Antoine MANGA BIHINA
et Issoufou SOULE MOUCHILI Njimom

Philosophie et développement

De la philosophie de questionnement du développement aux perspectives de l'émergence

L'Harmattan

5-7, rue de l'Ecole-Polytechnique, 75005 Paris

http://www.harmattan.fr
diffusion.harmattan@wanadoo.fr
harmattan1@wanadoo.fr

ISBN : 978-2-343-06385-0
EAN : 9782343063850

SOMMAIRE

INTRODUCTION GENERALE

En regardant les problèmes de l'Afrique, la philosophie s'est trop enfermée dans des questions de débats inutiles qui n'ont abouti qu'à de querelles de clocher, c'est-à-dire des écoles bien rangées. Pouvons-nous en finir ? Eboussi Boulaga nous en fait une proposition, mais qui malheureusement ouvre encore des querelles. Comment s'en sortir ? Trois choses paraissent fondamentales : la formation philosophique des jeunes, la ré-visitation objective et scientifique des réalités africaines et le positionnement sur les questions d'avenir.

Quand la philosophie veut être et peut être prise au sérieux, c'est lorsqu'elle parle de l'homme dans son être, son exister et ses espérances. Elle ne peut le faire que de façon à indiquer des principes et des valeurs qui concernent l'homme.

Sa dimension théorique n'ôte en rien son enracinement et son habillement socio-culturels et historiques. En ceci, toute philosophie restera toujours fille de son temps ; elle se présentera partout comme ce que les grands penseurs ont compris et dit de ce qui s'est passé et vécu devant eux. De cela, ils ont pris position et dessiné des perspectives pour l'avenir.

En jetant un regard sur la société, espace légitime qu'elle peut occuper, la philosophie est contrainte de prendre en considération les problèmes concrets des personnes, des individus et des communautés. En cela, elle peut apporter des lumières et proposer des références. Cela se nomme engagement et toute société en a besoin, et celle qui veut s'en méfier, s'en passer ou s'en interdire se condamne à la surdité, à l'aveuglement, au mutisme et à la sous-humanité qui les couronne. C'est dire en termes simples, que toute société a vocation au développement et que la philosophie peut faire marche vers cet itinéraire. Que peut-elle ? Légitimement ? Véritablement ? Efficacement ?

Sur le plan de la réflexion philosophique, des devoirs s'imposent : repenser l'Afrique, adapter l'Afrique au monde d'aujourd'hui qui, est celui de la mondialisation et ouvrir des cercles de réflexion pour que l'Afrique apporte sa côte part à l'humanité de l'avenir. Sur ce plan, nous pouvons nous référer à Senghor et à Nkrumah.

Ces interrogations émergent d'un processus qui est un ensemble de combats qu'il faut mener contre les replis identitaires, l'occidentalocentrisme et la sécularisation de la pensée. Dans ce sens, une réflexion philosophique ne doit rien négliger de ce que la pensée humaine a été capable de produire. Aujourd'hui, le devoir de la réflexion philosophique est de reproduire et de rappeler les espaces que la réflexion philosophique doit occuper. Ces espaces concernent la connaissance de l'homme :

1- Dans ses apparences et ses profondeurs,
2- Dans sa vie et ses activités,
3- Dans ses difficultés et ses aménagements,
4- Dans ses attentes et ses espérances.

Penser le développement, aujourd'hui, c'est avoir le souci d'une Afrique émergente, dans un contexte où tout est concurrentiel, compétitif, mercantilisé et laïcisé.

L'ensemble des textes rassemblés ici vont constituer des points de vue de jeunes enseignants-chercheurs conscients de ces responsabilités. Dans la réflexion camerounaise, quatre centres d'intérêt interviennent : la connaissance des auteurs qui en ont parlé, l'ouverture vers ceux qui peuvent en parler, les impasses de ce qui se dit et les interrogations pour un futur humaniste, une civilisation planétaire et humanisée.

Dans ce sens, interviennent l'apport des technosciences, la réflexion sur les technosciences, une approche éthico-politique de l'héritage historique de la philosophie, les engagements et les témoignages sur les penseurs camerounais et, enfin, les positionnements sur les questions de l'heure.

C'est un mot de remerciement qui dirige cet ouvrage, parce qu'il témoigne de l'aptitudes de nos jeunes enseignants à pouvoir être créatifs et à se montrer performants et courageux dans la production, le développement et l'assimilation, désormais, utile des connaissances acquises dans leur formation. Les débats restent ouverts.

Chapitre I. LE DEVOIR DE PENSER

par

Antoine MANGA BIHINA[1]

Introduction

L'indépendance de la pensée, vitale pour la philosophie, recentre l'homme dans son genre, sa subjectivité, sa personnalité, sa communauté et son humanité. Pour un combat pour sa cause, l'avenir reste ouvert. Pour sa préservation et sa consolidation, les consciences des praticiens de la philosophie sont interpelées. S'il y a un impératif catégorique pour nous Camerounais, c'est d'en user noblement, civiquement et dignement. De tout cela, il résulte que notre époque a besoin d'une philosophie concrète et celle-ci doit redorer les blasons des droits de la pensée devant les menaces du nihilisme, du machinisme, de la technocratie, des oppressions, des obscurantisme et l'implosion des hégémonies. En fait, penser pour l'homme est un devoir, car il dispose de la faculté de le faire. Il s'agit là d'une possibilité de réponse à la question de savoir si la philosophie pourrait survivre au XXIème siècle. Cela implique l'usage permanent de la raison que nous pourrons situer dans deux directions, à savoir : les implications et les perspectives.

I- Les implications

Plusieurs types d'implications peuvent être recensés, car il s'agit de penser les défis et l'itinéraire d'une Afrique à l'étape des technosciences. Ces implications s'étagent sur quatre paliers complémentaires :

1- **Comprendre** : Il s'agit de se comprendre, afin d'établir ce à quoi nous convie notre vie d'homme. Comprendre le monde en vue de s'y situer et de s'orienter ; comprendre l'histoire pour pouvoir y intervenir par une domestication lucide

---

[1] *Maître de Conférences, Département de philosophie, Faculté des Arts, Lettres et Sciences Humaines, Université de Yaoundé I*

et mûrie de l'événement ; comprendre les hommes pour pouvoir se corriger et fonder ensemble des projets d'humanisation de l'existence.

2- Découvrir la sagesse qui doit inspirer l'homme authentique. Aujourd'hui, cette sagesse a des sources multiples : les grands récits, les traditions culturelles et religieuses, les codes moraux, les modèles historiques et charismatiques, les expériences libres et sécularisées. Il faut, à cet effet, se positionner.

3- Instaurer une humanité prometteuse d'espérance pour tous les hommes, les peuples, les cultures dans leurs droits et leurs rêves. Il s'agit, entre autres de quadriller les espaces de vie et de liberté, d'aviver l'univers communicationnel autant public que privé, de réconcilier les hommes avec eux-mêmes et avec ce qu'ils inventent comme moyens de vie.

4- S'enrôler personnellement, par une option courageuse et résolue : dans les initiatives de foi à l'égard de la transcendance qui parle en nous en terme d'autorité, de structures et coutumes, de religiosités et de spiritualités.

Les implications sus évoquées nous convient à parler des perspectives en se posant une question fondamentale sur ce qui peut constituer l'interrogation et l'espace philosophiques dans l'Afrique actuelle.

II- Les perspectives

La philosophie fait beaucoup parler d'elle, aujourd'hui, en Afrique. Si les querelles d'écoles, de filiations et d'orientations, qui mettent en évidence les redevances des philosophes africains tantôt à l'égard des traditions philosophiques, tantôt des forces occultes du pouvoir, des églises ou des sectes, n'intéressent que les philosophes autant que le sont les préoccupations d'ordre méthodologique concourant à livrer de la philosophie une image désuète et à la faire apparaître dans une aveuglante obscurité2, il n'en vas pas de même lorsqu'elle est considérée comme matière d'enseignement, ou simplement, au niveau de sa pratique quotidienne, dans une cité qui, sans en avoir l'impérieuse obligation, l'admet, la tolère, l'encourage et même l'oriente.

En fait, la philosophie devient, aujourd'hui, dans toutes les sociétés, le point de mire d'un enjeu politico-idéologique fondamental. Il nous semble que ce que P. Thullier disait de la science peut être appliqué ici à la philosophie. Il écrivait en effet :

> « La science est un enjeu : plus elle est puissante, intellectuellement et matériellement, plus elle est combattue ou convoitée par les religions, les philosophies et les forces politiques. Même si au départ on veut étudier seulement la science, on est progressivement obligé de la situer dans les contextes de plus en plus vastes, d'aborder des problèmes de plus en plus aigus »[3].

Ici, profanes et philosophes rivalisent de génie, d'inspiration et d'habileté. Si certains, sans toujours comprendre, interrogent et par moments condamnent, d'autres, plus inquiets et attentifs, s'efforcent de s'expliquer lorsqu'il ne s'agit pas simplement de se défendre. De ce double registre, se dégagent deux questions majeures :

1- A quoi nous sert la philosophie ?
2- Y a-t-il du sérieux dans ce que font les Africains qui prétendent philosopher ?

La première question invite à relever un défi, celui de pouvoir préciser et de montrer l'opportunité, l'efficacité d'une entreprise philosophique sur les problèmes des sociétés et des réalités africaines. La deuxième alimente un débat à double projet : attester de l'existence d'une philosophie africaine d'une

---

[2] L'on connaît la critique célèbre du philosophe rêveur, spéculatif en empailleur de concepts, plus nourri d'abstractions creuses qu'il ne se délecte de problèmes concrets, plus consommateur que producteur.
[3] P. Thullier, *Jeux en enjeux de la science*, Laffont, Paris, 1972, p.9-10.

part et décrire pour les évaluer la nature et les formes éventuelles, ou réelles, du discours philosophique en Afrique.

Notons d'emblée qu'il y a une place qui est ouverte aujourd'hui à la réflexion et à la pratique de la philosophie : des ouvrage sont publiés, des colloques, des séminaires et des conférences organisés, des enseignements dispensés, des crédits de recherche alloués. La philosophie devient donc de plus en plus une activité sociale.

Terminons par trois considérations que nous considérons comme des préalables ou des hypothèses au travail que nous engageons ici :

1- La philosophie africaine existe
2- Dans les formes multiples de ses discours, elle comporte des enjeux qui débordent le cadre de la philosophie.
3- Elle correspond à une certaine nécessité dont une pensée alerte se doit d'animer et d'orienter les exigences.

Que la philosophie africaine existe, rappelons-le à partir de trois observations à notre sens, élémentaires.

1- La philosophie africaine existe. Elle est le fait d'abord d'un effort : celui de l'adhésion et de la participation à une activité intellectuelle dont l'axe centrale reste la réflexion critique, une réflexion centrée sur la condition humaine, une critique animée par l'exigence de rationalité. Connaître et comprendre l'homme, rechercher les voies qui conduisent à la sagesse, parler le langage qui donne et restitue le sens et la logique d'une existence actuelle, adopter des attitudes qui replacent l'homme et lui indiquent ses responsabilités dans un environnement à la fois familier et utile… aucune philosophie ne peut aller sans ce programme, là réside son effort, là aussi se dessine son destin.

Et quand nous parlons d'effort, nous pensons, précisément, à l'effort d'une pensée libre qui s'emploie à une démystification et à une organisation d'un univers personnel d'un univers culturel et historique ; effort qui, pour s'exprimer, débouche sur un langage de l'homme à l'homme, au sujet de l'homme et du monde selon le mot de Mikel DUFRENNE.

Philippe LABURTHE TOLRA est certainement plus précis :

> « La philosophie se situe là où la liberté conquise par la raison permet à l'homme d'innover méthodiquement, d'inventer, de se révéler créateur… Il s'agit vraiment de tout soumettre à la raison, de prendre conscience de ce qui se passe et de le penser, pour dégager les principes de connaissance et les principes d'action qui, dans l'instant, s'imposent »[4].

DUBOIS caractérise à sa manière cet effort :

> « une façon particulière de réagir devant les choses et les évènements… à la fois une perspective sur tout l'univers et une façon de donner un sens à la vie humaine selon une échelle de valeurs, une approche de ce qui est le fondement de toute réalité et la justification de toute valeur : la transcendance ».

C'est dire que cet effort se prolonge dans une attitude, un point de vue, une intention sur la vie de l'homme et les problèmes de l'existence, sur la vérité de l'homme du monde.

Si la philosophie correspond à cet effort, « l'effort de l'homme pour reprendre le réel de chaque jour en vue de mieux l'expliciter, le schématiser », comme le répète MUTUZA KABE, elle ne peut être, en Afrique, que contemporaine. Nous disons dès lors que la philosophie africaine se trouve dans la formulation d'un langage rationnel, par les Africains, sur la condition actuelle de l'Afrique, formulation que HOUNTONDJI veut retrouver dans un « un ensemble de textes », un débat permanent dans lequel s'engage la pensée, en connaissance de cause et sans complaisance.

2- La philosophie africaine existe car des grandes philosophies nous sont souvent livrées dans les systèmes que supportent ou que manipulent des traditions culturelles. S'il y a un système, c'est parce qu'au-delà de la cohérence et de l'ordination, se constitue un discours qui se veut producteur et énonciateur d'un savoir radical et intégral. La philosophie ici n'est ni muette, ni anonyme : elle parle avec les signes et les symboles d'une culture, elle exprime des visions du monde et

---

[4] PH. LABUTTHE et P. BUREAU, *Initiation Africaine*, Ed. Clé, Thèmes et Documents n°1 Yaoundé, 1971, p.12.

des sagesses constituées, elle s'anime dans cet esprit d'une civilisation dont elle reprend et manipule les totems, les symboles et les absolus. C'est la philosophie ainsi conçue que TEMPELS et tous ceux que l'on nomme aujourd'hui « ethnophilosophes » veulent retrouver dans l'étude des systèmes de pensée.

Il se trouve encore des gens pour s'obstiner à s'imaginer qu'il y aurait une philosophie étalon, universelle, fonctionnant selon des critères et des règles uniques et invariables comme si KANT ne nous avait pas avertis qu'« Il n'y a pas de philosophie que l'on puisse apprendre car, où est-elle, qui le possède et à quoi peut-on la reconnaître ? On ne peut apprendre qu'à philosopher… »

C'est peut-être parce que chaque philosophie est dans le philosopher, c'est-à-dire dans la manière de dire, de repenser et de comprendre le réel, le vécu quotidien, le projet à réaliser dans cette certaine façon de restaurer et de décanter les principes et les fondements, d'élaborer les valeurs et les perspectives. Les philosophies sont, dès lors, plurielles, tant elles sont contextuelles, s'alimentent de thèmes divers, s'animent de méthodes variées et bâtissent des modèles différents.

C'est tout cela qui constitue le texte qui n'est donc pas nécessairement l'écrit figé dans une écriture, mais aussi le dit d'une pensée à travers un code, une figuration ou une symbolique. Les philosophies se reconnaîtraient ainsi aux sources où elles s'abreuvent et aux œuvres à travers lesquelles elles s'expriment.

Parlant ainsi d'une philosophie négro-africaine de l'existence, Basile FOUDA croit la retrouver dans une triple travée orale, posturale et iconographique, consolidant ce qu'une sous-commission de philosophie disposait dans une résolution que : « L'effort philosophique de l'Afrique traditionnelle s'est toujours traduit en attitudes vitales et n'a jamais eu des visées conceptualistes pures »[5].

3- La philosophie africaine correspond aussi à un devoir : celui que se donnent les hommes qui s'adonnent à l'activité de réflexion, de critique et de décryptage de *l'ici et maintenant*. Devoir qui résulte d'une prise de conscience de la condition actuelle de l'Afrique. Mais aussi devoir qui s'inscrit dans le temps et s'accomplit dans l'espace ; devoir qui fait de la philosophie africaine une philosophie actuelle, en éveil et en acte, une philosophie de responsables soucieux d'initier, de hisser et d'élever la pensée toute entière à la construction d'un espace humain viable, épanouissant et rationnel.

Philosopher, c'est un peu comme vivre un devoir qui se précise dans le prolongement d'une action quotidienne, d'une attitude existentielle qu'une précautionneuse méditation a permis de retenir, de valoriser et de rationaliser. Le devoir, répétons-le, c'est celui de penser et avec la conscience de ses responsabilités, agir. Il y a devoir parce que la pensée n'est ni un épiphénomène, ni un appendice, ni une parenthèse dans la nature humaine : elle est l'être-même de l'homme. Il n'y a d'homme que par la pensée. Qui aurait, dès lors, l'excuse de ne pas penser ?

Accomplir un devoir, n'est-ce pas à la fois prendre un risque et susciter un espoir ? Le risque, celui de se perdre ou de s'aliéner dans la soumission à une obédience doctrinaire et totalitaire ou à un impératif absolu et inaltérable. Tout se joue dans une tension. Cette tension est la filiation que nous établissons entre le désir d'une autonomie personnelle et l'exigence d'une appartenance à un ensemble ordonné et régi. A ce point précis, le risque entraine l'espoir car, accomplir un devoir, c'est bien dans un sens se mettre avec les autres, s'ouvrir et participer à une entreprise à destination collective. Le devoir, le voilà comme un service, une contribution, une participation.

---

[5] *Deuxième Congrès des Ecrivains et Artistes du Monde Noir* noirs : Rome, 26 mars-1er avril 1959, tome 1 : *L'unité des cultures négro-africaines*, *Présence africaine*, n° 24-25 (numéro spécial), 1959.

La philosophie se présenterait dès lors comme l'un de ces devoirs que nous prescrivent les contextes et les sociétés dans lesquels nous agissons. Lorsque l'accomplissement d'un tel devoir ne s'enferme pas dans le dogmatisme ni ne s'enlise dans des modes passagères, il hisse la réflexion philosophique à un niveau d'où émerge son éblouissante nécessité. Nous ne parlons de philosophie africaine que pour désigner l'ensemble des réactions, des expressions et des sensibilités qui sont manifestes ou ont été donné historiquement ou culturellement à cet impérieux devoir de penser. En général, si la philosophie occupe une place majeure dans l'élaboration et la consolidation d'une culture, elle ne saurait être absente dans la grande œuvre de construction, mieux, de restauration et de redéfinition de la culture africaine. L'erreur de l'Occident, comme le souligne cette résolution de la sous-commission de philosophie du deuxième Congrès des Écrivains et Artistes noirs c'est de s'être « réservé le monopole de la réflexion philosophique, de sorte que l'entreprise philosophique semble ne plus se concevoir en dehors des catégories forgées par l'Occident ».

A la vérité, l'espace philosophique loge aussi ailleurs, pour reprendre l'expression de HOUNTONDJI, il est dans « l'unité principale d'une même discipline, d'un même style d'interrogations ».

Pour nous, philosopher c'est une certaine manière de vivre son temps, d'agiter et d'aiguiser son intelligence à l'épreuve des faits, des idées, des savoirs et des pouvoirs. C'est s'éprouver pour un temps, dans le temps, dans une méditation sur le cours des choses et de devoir-être de l'homme. Il s'agit toujours, et fondamentalement, de jeter un regard sur le sens d'une histoire qui ne cesse d'imposer certaines formes d'existence. En cela, la philosophie est, pour reprendre le mot d'Epicure, « une activité qui, par des discours et des raisonnements, nous procure la vie heureuse ». Aussi, acculé que chacun de nous est de se choisir un mode d'existence de quête philosophique valable sans situer le bonheur au terme de son parcours et la vérité » pour en assurer l'éclairage. Quelle est aujourd'hui, la dimension de cette quête ?

Nul doute qu'elle porte sur le contour et les crises de notre temps, davantage et notre manière de les vivre. Deux voies semblent nettement se dégager, à notre niveau : d'une part l'image que l'homme a désormais de lui-même, et d'autre part, le choc de l'occidentalisation du monde qui installe partout, des praxis uniformes et des rationalités pleines d'incertitudes.

En d'autres termes, nous voulons souligner et insister sur un fait : la grande illusion dont s'est nourrie pendant longtemps une certaine philosophie a fait osciller l'entreprise philosophique entre le désir de se situer dans des modes (par une insertion dans des systèmes où s'établissent des filiations) et la prétention de légiférer avec autorité sur tout, dans l'Etre et l'Existence, comme si le discours philosophique détenait la clé et proposait l'orientation des autres discours, et que son regard constituait la norme de tout regard.

Dans le premier cas, ce souci de se retrouver dans une tradition cache mal le préjugé de l'existence d'une philosophie transcendante, neutre et totalement prise dans ses thèmes de prédilection et exprimée dans un langage de spécialistes. Dans le second, où se développe le mythe d'une « philosophie reine des sciences », il n'y a plus de philosophie que dans la constitution d'une méthodologie générale qui ne s'interdirait pas de moraliser, de juger et de condamner. La philosophie, comme exercice de la pensée, la quête philosophique comme expression du devoir de penser nous paraissent plus sérieuses pour être limitées à ces naïvetés.

Ni spéculation pure qui en ferait une rêverie, ni interventionnisme constant qui la ramènerait à une description, la philosophie a à se définir par rapport à l'événement dans lequel elle ne s'enferme pas et par référence à un esprit dont elle ne se libère que par déviation ou aliénation.

Peut-être faut-il souscrire à ce que croit Marc Richir lorsqu'il écrit :

> « Philosopher, c'est donc interroger le sens et ce, non pas pour l'hypostasier en significations, mais en vue de lui-même, en vue de sa propre énigme. Travail infini qui ne peut se faire qu'en commun, dans un esprit d'ouverture à l'indéterminé au moins

relative du sens comme à la question qui nous anime, qui fait sens et histoire. Que cette inquiétude ait à rencontrer la passion de la déterminité qui anime tant d'hommes, souvent jusqu'à la pathologie, qu'elle ait à lutter contre une sorte de peur panique de l'indéterminé pris pour « destructeur » ou « ravageur » nul doute. Cette entreprise n'est pas de tout repos : toujours cet esprit a été, est, et sera menacé. Car, selon le vieil adage : « qui n'est pas avec nous est contre nous », ces hommes nous sentiront toujours comme des étrangers, ayant un pied au dehors de la foi qui les anime et pour laquelle ils ont énigmatiquement besoin de l'unanimité. Voilà donc, peut-être, non pas tant le lieu de la philosophie que le lieu des philosophes : par rapport aux ordres établis, par rapport aux « établissements » de tous genres, avoir un pied dedans et un pied dehors, être en porte-à-faux »[6].

L'espace qu'occupe aujourd'hui le discours philosophique doit se situer désormais ailleurs que dans les querelles, sans issue, de terminologie et d'orientation ou dans le mimétisme des systèmes engendrés ailleurs.

Philosopher revient dont désormais, non à se situer par rapport à des systèmes ou des traditions, moins encore à concevoir des pensées de circonstance, mais à assumer théoriquement le contexte socio-historique dans lequel on se trouve, dès lors, engagé. C'est en ces termes que se formule le titre : « devoir de penser ».

En effet, la recherche des filiations peut être nuisible et inopérante. Elle se contente d'une dilatation d'itinéraires intellectuels certes intéressante, d'un piétinement sur place dans des prébendes conceptuels certainement instructifs, mais sans prise directe avec l'expérience quotidienne, têtue dans sa nouveauté et son originalité, rebelle dans sa spécificité à toute transposition ou inflexion.

Autant sont néfastes les pensées de circonstance. On ne peut penser sérieusement dans la précipitation que suppose toute demande de penser. On ne doit pas être pressé et télécommandé, car la pensée philosophique a horreur des

---

[6] M. RICHIR : « Lieu et non-lieu de la philosophie », in *Autrement Revue*, « A quoi pensent les philosophes ? », N°102 Nov. 1988 p.22.

manipulations. On ne peut penser profondément dans cette dispersion aliénante des transactions opportunistes.

Dès lors, philosopher pour nous, c'est nous reprendre dans notre expérience d'aujourd'hui, nous découvrir dans ce que nous sommes et ce qui nous est proposé, mesurer le chemin à parcourir compte tenu de ce que nous voulons et de ce que nous pouvons. Pour tout dire, notre situation, c'est celle d'une crise qui interpelle une profonde et courageuse mutation.

L'ouverture de la pensée aux idées et mutations constitue l'une des victoires majeures, mieux, un héritage de la pratique de la philosophie. « Philosopher, c'est être en route », disait déjà K. Jaspers. Philosopher, c'est précisément, détecter et désamorcer, sans cesse les mines et les nœuds qui se dressent sur le parcours de notre existence. L'individu est perdu s'il ne nourrit pas la double ambition de se prendre en main et de contrôler l'avenir. C'est dire qu'il doit être conscient de ce qu'il est et s'enraciner dans le présent tout en restant ouvert aux inquiétudes et aux constructions humaines.

Trop longtemps, nous avons concentré le meilleur de nos débats à partir d'une conception unidimensionnelle de la philosophie tant il s'est toujours agi de se référer à la philosophie dite occidentale pour établir, à partir d'elle les lieux et les non-lieux d'une philosophie africaine. La question a alors stagné et s'est enfermée dans le souci de la problématique et de la fonctionnalité de la philosophie africaine. À terme, cette situation a d'une part engendré des malentendus dont il nous faut nous dégager, et, d'autre part, falsifié l'africanité dont il nous faut retrouver le sens.

Sortir des malentendus si :

1- Pour admettre que toute philosophie conserve et entretient un lien avec sa source, nous postulons qu'il n'y a pas de « philosophie-étalon ».

2- Pour concevoir l'acte philosophique dans une réflexion critique qui juge et élimine les apparences, nous contestons l'idée de « philosophie spontanée ».

3- Pour comprendre que la philosophie, partout et toujours, trouve son origine dans une conscience troublée et une pensée en crise, nous révoquons les idées de « philosophie collective » et de « philosophie anonyme ».

Retrouver l'Africanité dans :

1- Une inspiration qui nous renvoie à ce mot de Schopenhauer « La philosophie nait de notre étonnement au sujet du monde et de notre existence, qui s'imposent à notre intellect comme une énigme ».

2- Un contenu où l'on ne proscrit absolument ni d'interpréter, ni de restituer dans leur sens philosophique originel les coutumes, les mythes, les fables, les contes, les proverbes, etc. Ce qui redonne une crédibilité à l'assertion de Descartes, d'où il apparait que la philosophie « s'étend à tout ce que l'esprit humain peut savoir ».

3- Des orientations clairement et exhaustivement énoncées, à l'exemple de l'auteur du *Consciencisme* qui pensait que « notre philosophie doit trouver ses armes dans le milieu et les conditions de vie du peuple africain (...), c'est l'émancipation de l'homme. Cela requiert deux buts : premièrement reconstituer la société égalitaire ; secondairement, mobiliser logiquement toutes nos ressources en vue de cette reconstitution ».

4- Des formes d'expression dont l'essentiel réside dans la formulation cohérente des idées et des raisonnements, l'effectivité d'une rationalité décelable, analysable et partant, universalisable et le dévoilement à travers ses styles et des signes d'une conscience interrogative critique et prospective. Car, la philosophie n'est rien d'autre que ce « discours de l'homme sur l'homme et le monde » (M. Dufrenne).

C'est dire combien, immense et ouverte, reste l'interrogation philosophique en Afrique.

Conclusion

Il s'agit d'asseoir une sagesse philosophique. Le problème est de savoir où elle pourrait résider dans le contexte contemporain. Dans les faits, trois réalités sont incontournables : la formation des hommes, car, il faudrait, pour réussir, être demandeur, compétent, compétitif et ouvert. Vient, ensuite, la professionnalisation qui devient le maître mot de notre temps. En fin de compte, on a l'émergence qui est l'idéal à atteindre. A ce niveau, que peut la philosophie, sur quels principes et avec quels appuis ? C'est à cette préoccupation que s'exercent les prises de position des différents intervenants dans cet ouvrage.

Indications bibliographiques

Deuxième Congrès des écrivains et artistes noirs : Rome, 26 mars-1er avril 1959, tome 1 : *L'unité des cultures négro-africaines*, *Présence africaine*, n° 24-25 (numéro spécial), 1959.

Deuxième Congrès des écrivains et artistes noirs : Rome, 26 mars-1er avril 1959, tome 2 : *Responsabilités des hommes de culture*, *Présence africaine*, n° 27-28 (numéro spécial), 1959.

LABUTTHE, PH. et BUREAU, P. : *Initiation Africaine*, Ed Clé Thèmes et Documents n°1, Yaoundé, 1971.

RICHIR M., "Lieu eu non-lieu de la philosophie", in *Autrement Revu.* "A quoi pensent les philosophes ?", N°102 novembre 1988, p. 16-42.

Thullier P.: *Jeux en enjeux de la science,* Laffont, Paris 1972.

Chapitre II. L'IDEE D'UNE SIGNIFICATION SOCIALE DE LA TECHNOSCIENCE

par

Issoufou Soulé MOUCHILI NJIMOM[7]

Résumé

La technoscience est l'enjeu de notre temps. Il n'y a pas de succès dans l'existence si on ne se réfère pas à elle pour fonder notre tension permanente vers un plus-être. Du fait de son caractère opératoire et de l'efficacité réelle de sa dimension technique, l'homme ne cesse d'accroître sa puissance d'être. Cette puissance est perceptible au niveau de la maîtrise que l'on a aujourd'hui du temps et de l'espace. Dans les faits, l'homme est réellement cet être de liberté, de volonté et de raison. C'est pourquoi il peut se fixer des objectifs et les atteindre grâce à la puissance technique. En temps réel, l'homme agit sur le système mondial de l'économie. C'est la preuve qu'il est un être de révolution et que la technoscience a une réelle signification sociale.

Introduction

L'intelligence est ce par quoi l'homme justifie sa présence au monde et se fait une histoire. Nous l'affirmons parce qu'il s'agit d'un être dont la vie dépend totalement d'un effort constant d'autorégulation, d'auto-construction et d'auto-détermination. C'est l'homme qui donne un caractère au sens que prend son cadre d'existence. La nature, à cet effet, n'a de signification que par rapport au sens qu'il lui donne. Il s'agit là d'une nature humaine qui se manifeste aussi dans le pouvoir de maîtrise, par l'homme, de la fonctionnalité de sa vie, à la fois, au sens biologique et de la capacité d'auto-projection dans le temps et dans l'espace. A ce niveau, il est essentiel de penser que l'homme provoque des mutations dans le cours de sa vie. Par mutation, il faut entendre les différents visages que prend la

---

[7] *Chargé de Cours au Département de philosophie/FALSH/UYI, mouchilisoulei@yahoo.fr.*

vie, en fonction des possibilités d'invention des moyens de renouvellement des conditions d'existence. Cette force de renouvellement constant se justifie en ceci que « les techniques évoluent et s'accompagnent des modifications économiques, sociales et culturelles si fortes qu'on ne peut séparer celles-ci de celles-là. Les unes et les autres sont à la fois causes et effets du changement »[8].

La vie de l'homme ne consiste pas en un simple être – au – monde où seules l'intuition et la passivité déterminent le sens de son être. L'homme n'est pas un être passif. Il est capable du pour–soi. La nature ne peut pas lui imposer tout le temps ce qu'il doit faire. Il résout la question de son existence, en répondant aux exigences du savoir, du savoir-faire qu'il faut articuler à l'ouverture aux autres et aux différentes opportunités qui s'offrent à lui au cours de l'existence. L'homme d'aujourd'hui se fait dans une logique dynamique que projetait déjà Albert Einstein, en prophétisant sur le visage que prendra l'humanité au XXe siècle. Einstein pensait à trois types de révolution que connaîtrait ce siècle : la révolution démographique qui dépend des progrès de la médecine et de la maîtrise de l'environnement. La seconde est la révolution communicationnelle, qui devra servir à l'abolition des distances entre les sociétés. Car, l'ambition de réaliser une société à l'échelle planétaire serait la condition permanente pour que des mutations sociales aient lieu dans le sens souhaité. En fin, comme troisième révolution, Einstein prévoyait la révolution nucléaire. En effet, grâce aux progrès de la microphysique, on aura un développement de l'énergie nucléaire qui rendrait possible la résolution des problèmes liés à l'insuffisance des ressources naturelles.

La réalisation d'un tel type d'homme exige l'adoption d'une mentalité qui bouscule les habitudes réfractaires à la rationalité ou à l'esprit scientifique. L'esprit scientifique est ce sur quoi l'homme fonde la possibilité de mise permanente en éveil de la raison. Il ne s'agit pas d'une raison qui se déploie uniquement

---

[8] Jean-Jacques Salomon, André Lebeau, *L'écrivain public et l'ordinateur. Mirages du développement,* Hachette, 1990, p. 76.

pour interpréter les données de la nature. Mais, il est question de savoir que, c'est dans un effort constant de transformation de son environnement que l'homme exerce le pouvoir d'amélioration de sa propre condition. Ce pouvoir est perceptible dans la science contemporaine très connue sous le vocable de technoscience. Nous parlerons de technoscience, parce que la science moderne est essentiellement une pratique technique qui se vérifie dans la méthode expérimentale. Et comme le dit Jean-Marc Levy-Leblond : « La techno-science résulte du fait que la place de la technique n'est pas à côté de l'enseignement scientifique mais « dedans » pour ne pas dire « devant » »[9]. Il s'agit de savoir que dans tous les domaines de la science, on est passé à l'âge de la maîtrise technique ; et c'est à juste titre que les questions suivantes se posent :

> « À quoi sert la biologie si l'on ne sait pratiquer la respiration artificielle ou faire une injection intramusculaire ? Pourquoi donner un cours de chimie s'il ne permet pas d'apprendre à développer un film photographique ou contrôler le pH d'une mayonnaise ? »[10]

La science n'est pas un discours théorique qui spécule sur la marche du monde. La science a un caractère opératoire qui impacte sur l'environnement et le mode de vie de l'homme. C'est dans ce sens qu'il faut parler d'une possibilité de mieux-être ou de développement humain.

Le caractère opératoire de la technoscience transforme et fait évoluer le monde dans un sens où on parle d'une dynamique de l'histoire. Grâce à la méthode expérimentale de la science, il n'y a plus de possibilité que la vie soit tournée vers la célébration nostalgique d'un passé rétrograde. L'homme est tourné vers un futur prospère. C'est pourquoi, il faut penser le développement comme la réponse que l'homme adresse à l'hostilité originelle de la nature. Il veut s'affirmer comme un être qui peut se défaire des contraintes liées au fatalisme. En clair, le développement signifie que la vie humaine n'est pas la

---

[9] Jean-Marc Levy-Leblond, *L'esprit de sel. Science, culture, politique,* Seuil, paris, 1984, p. 279.
[10] *Ibid.,* p. 280.

résultante d'un principe préfabriqué, et dont on pourrait trouver les semences dans les gènes ou dans une sorte de providence. C'est la preuve que l'homme est un être en devenir. Et par la technoscience, dont le principe et la démarche sont la rationalité, l'homme déploie son intelligence dans le but de construire un environnement propice à son confort et à sa réalisation. À ce titre, Sartre considère l'homme comme un *projet*, c'est-à-dire une effectuation dialectique de soi dans le temps et dans l'espace. Dans le même ordre d'idées, Luc Ferry parle d'un être habité par une tension permanente entre l'*être* et le *devoir-être.*

Le présent texte est une interrogation sur la fonction facilitatrice ou déterminante de la technoscience en faveur du développement. En fait, il sera question de se demander si la technoscience, dans son processus, réalise un projet : celui de savoir si le progrès intellectuel et technique est logiquement et intrinsèquement articulé aux mutations culturelles et sociales. Dans le fond, nous voulons nous poser une question fondamentale : Qu'est-ce qui fait de la technoscience un mouvement culturel déterminant la condition de l'homme moderne ?

I- Les enjeux humanistes de la culture technoscientifique

Les questions auxquelles nous voulons répondre sont fondamentales et très précises : quel est l'avenir de l'homme dans cette culture de la liberté ? Où nous entraîne ce siècle avec l'appui des technociences ? Et dans quelle direction convient – il d'orienter et d'animer la réflexion sur un développement répondant aux interrogations fondamentales de l'existence, de l'aménagement de l'espace vital et des actions qui puissent faire triompher la cause humaine, c'est-à-dire l'émergence d'un développement durable ou d'une humanité civilisée ? Concrètement, il s'agit de poser le problème des objectifs de la science. Albert Jacquard tente, en fonction de ses convictions, de développer une esquisse de réponse à cette préoccupation.

Pour lui,

« L'exploration scientifique de l'univers est, au fond, une interrogation sur l'homme. En témoignent l'intérêt croissant pour les sciences du vivant et les sciences de l'homme (...) La biologie et la génétique moderne éclairent le paradoxe central de l'homme et sa responsabilité : « être homme c'est vouloir être libre. Or, je connais de l'intérieur ma possible liberté, mais mon intelligence me montre ses limites. Cette liberté, comment la construire, comment la transmettre ? »[11]

Il est question d'engager une réflexion sur le développement humain, en tenant compte du besoin fondamental de l'homme dont la conscience ne saurait être aliénée dans un tourbillon de gadgets. La philosophie peut donc s'inviter à cette réflexion sur la condition de l'homme toujours en quête plus de liberté.

Si, pour Mikel Dufrenne, « la philosophie ne garde tout son sens que si elle est le discours d'un homme qui s'adresse aux hommes pour leur parler de l'homme et du monde »[12], il faut bien, qu'en considérant les technosciences comme l'appui sur lequel repose le développement, on soit capable d'afficher une assurance dans ce monde techniciste, où on note une forte domestication des appareils, une circulation et une transmission rapides des savoirs, des savoirs-faires et des informations qui en découlent. L'homme pense qu'il est en droit de profiter des facilitations que lui offre son intelligence. Dès lors, il est de son devoir d'explorer toutes les pistes conduisant à sa propre réussite.

La technoscience est un humanisme. Et il faut le savoir, puisque « connaissance et valeurs sont intrinsèquement liées en ce sens que la découverte de la nature cosmique de l'univers implique d'elle-même la mise en évidence de certaines finalités morales pour l'existence humaine »[13]. Grâce à la technoscience, l'homme sait, il possède, il est puissant, il invente et il recrée.

---

[11] Albert Jacquard, *L'héritage de la liberté. De l'animalité à l'humanitude*, Seuil, 1991, Quatrième de couverture.

[12]Mikel Dufrenne, *Pour l'homme*, Ed. Seuil, 1972, p. 13.

[13] Luc Ferry, *Apprendre à vivre. Traité de philosophie à l'usage des jeunes générations*, Plon, 2006, p. 68.

L'homme sait qu'il peut faire ce qu'il veut de la nature et de lui-même. Le discours technoscientifique, à ce niveau, dit des choses convaincantes sur les possibilités de l'homme. Nous l'affirmons parce que, malgré le fait que l'homme prend des risques en s'investissant dans les sciences, il n'y a pas encore une possibilité d'envisager une vie réussie ou épanouie sans la puissance technologique. Cette science, intrinsèquement articulée à la technique, détermine la signification qu'il faut avoir de l'aventure existentielle de l'homme. En fonction des besoins pressants de la vie,

> « la technique exige l'application la plus rapide parce que les problèmes de ce temps évoluent rapidement, et qu'ils demandent des solutions pressantes. L'homme actuel est pris à la gorge par des exigences qui ne peuvent se résoudre par le simple écoulement du temps. Il y faut une parade le plus rapidement possible : c'est souvent une question de vie ou de mort. Lorsque la parade est trouvée, spécifique à l'attaque, on en use, car il serait fou de ne pas utiliser le moyen. On n'a pas le temps de mesurer toutes les répercussions ; le plus souvent, elles sont inimaginables, plus on aperçoit de l'interconnexion de tous les domaines, plus on imagine l'interaction des instruments, moins on a le temps de mesurer vraiment ces effets »[14].

Comme on peut le comprendre, l'homme n'a pas d'éthique *a priori* pour la science, puisque le discours scientifique n'aboutit pas à des certitudes absolues.

Il est pourtant vrai que les théories que développe la science permettent de saisir une réalité assez révélatrice de l'homme. Seulement, à cause du principe d'incertitude en science, nous demeurons dans une dynamique ambivalente.

> « Cette dynamique de la praxis scientifique fait germer une double attitude dans la conscience réflexive. On voit poindre ici, dans une démarche teintée et inspirée de scientisme, un optimisme qui excède dans l'apologie et l'idolâtrie de la science (science fétiche ; science salvatrice) tandis qu'ailleurs, on cultive, dans une perspective pessimiste, une méfiance qui culmine dans

---

[14] Jacques Ellul, *La technique ou l'enjeu du siècle,* Economica, 1990, p. 97.

l'antiscience, le moralisme, voire le mysticisme (la science ogure - le mal absolu) »[15].

Parlant de l'homme, comme de toute chose, nous savons que « toute connaissance est limitée, toute information est partielle, toute décision est donc un pari. L'avenir est incertain face à une situation donnée. Il nous est généralement impossible d'annoncer avec certitude l'évènement qui va se produire. Tout au plus, nous sommes capables d'énumérer une liste d'évènements possibles. »[16] La technoscience rend possible le développement. Et pour cette raison, elle a une signification sociale. Ce n'est pas parce que la science n'énonce d'habitude qu'une série d'évènements possibles qu'on devrait développer une technophobie. La technoscience crée des instruments qui réduisent la pénibilité des tâches naturellement dévolues à l'homme. L'homme est aujourd'hui un être de changement, de la mode et des mouvements (des mutations sociales).

La science permet de saisir les compétences de notre intelligence. C'est pourquoi, « la technique exige encore l'application la plus rapide parce qu'elle coûte chère, et qu'elle doit rapporter soit en argent, soit en prestige, soit en force, suivant que l'on se trouve en régime capitaliste, ou communiste ou fasciste. »[17] Par la science, nous savons que l'homme ne vit pas et n'agit pas au hasard. A ce niveau, on comprend que la technoscience constitue l'appui sur lequel l'homme agit pour élaborer des stratégies de développement à court et à long terme. Même si à cause des incertitudes, on a de plus en plus l'impression qu'il faut solliciter une tempérance dans les applications scientifiques, l'homme sait que c'est encore la science qui permet de prévenir l'humanité de l'avènement des possibles catastrophes naturelles. Il y a toujours un ressentiment

---

[15] Antoine Manga Bihina, « Invention scientifique et affirmation de l'individu », in *L'individuel et le collectif dans les sciences,* (sous la direction de Thérèse Bellè Wanguè), Dianoïa, Chennevières-sur-Marne, 1ère édition, 2004, p. 197.

[16] Albert Jacquard, *Au péril de la science. Interrogations d'un généticien,* p. 12.

[17] Jacques Ellul, *La technique ou l'enjeu du siècle,* p. 97.

au plus profond de l'homme qui implique un retour aux questions fondamentales de la destination de notre développement. Ceci se fait à cause de deux risques majeurs : « le premier est la tentation d'abandonner la rigoureuse discipline qui a permis le succès des « sciences dures ». Le second résulte de l'intérêt même pour chaque homme, de tout ce qui concerne l'homme, mettant à rude épreuve l'exercice de l'esprit critique »[18]. L'esprit critique en science, nous invite à tenir compte de cette prescription du Programme des Nations Unies pour l'Environnement :

> « il est nécessaire, dans un premier temps, de mieux comprendre les terres, les océans, l'atmosphère, l'indépendance de leur cycle hydraulique, bio-géothermique et leur échange d'énergie qui font tous partie du système planète-terre, afin d'en tirer une estimation précise de la résistance de la terre aux nombreuses contraintes qui lui sont imposées par les activités humaines. »[19]

Il s'agit d'inventer une culture qui laisse croire, avec raison, que la technoscience se soucie vivement du devenir humain. C'est la raison pour laquelle l'obtention des Brevets d'invention aujourd'hui obéit à une logique qui voudrait qu'on ait une idée noble de l'homme développé.

II- L'homme développé aujourd'hui

Il s'agit pour l'homme de déterminer le type de révolution sociale qui convient à ses aspirations au bien-être. Le développement doit se percevoir comme la réalisation de l'homme en tant qu'être en devenir, c'est-à-dire que l'homme réalise sa nature dans cette tension permanente qui va de l'être au devoir-être. La science doit pouvoir se faire dans une logique qui concourt à donner à ses prouesses une figure humaniste, puisqu'il s'agit d'exprimer sa puissance vis-à-vis de la nature. A cet effet, la science participe de la construction de notre civilisation et ne peut se faire dans l'ignorance de la figure à

---

[18]Albert Jacquard, *L'héritage de la liberté. De l'animalité à l'humanitude*, Quatrième de couverture.

[19]« L'environnement au service du développement » in *Programme des Nations Unies pour l'environnement,* http://unep.org/documents/Default.asp?

venir de l'humanité, qu'elle concourt d'ailleurs à façonner. La science se fait dans la reconnaissance de la nature humaine dont le propre est d'être libre, c'est-à-dire exceptionnelle. Le développement se fait dans une logique permettant que la maîtrise de la science se perçoive comme une confiance à un avenir prospère. La science, à ce niveau, devient le moteur de la relation de transitivité : individu-raison-progrès. Pour l'homme d'aujourd'hui, le développement se fait dans une logique qui intègre une articulation nécessaire entre découverte, innovation technique et bien-être. Il ne s'agit pas pour la science de travailler en faveur d'une dérèglementation ou d'un dérèglement de l'homme ou pour l'avènement d'une post-humanité. La science propulse et assure le développement pour que l'homme ne soit pas réduit à une simple valeur marchande.

Il est question, pour la science, de se démarquer de la volonté marchande du capitalisme néo-libéral, afin qu'on puisse éviter une relation de transitivité aliénante : science-technique-marché qui fait de l'homme un instrument au service du capital. L'homme n'est pas un instrument ou un simple objet. Nous l'affirmons, même si aujourd'hui, « nous vivons le temps des objets : je veux dire que nous vivons à leur rythme et selon leur succession incessante »[20]. La science n'est pas seulement une manifestation de la volonté de la puissance, elle contribue réellement à l'élaboration d'une spiritualité sociale, en donnant lieu à une facilitation de la rencontre des peuples, c'est-à-dire au renforcement de la dignité humaine qui doit pouvoir s'épuiser dans la prise en considération, en tout temps, de l'altérité. La science construit, à cet effet, une culture du vivre-ensemble. Et dans un système du vivre-ensemble où il y a échange mutuel des valeurs, l'homme peut se déterminer comme une valeur transcendante. On dit alors que la transcendance est ce sans quoi « la dignité de l'homme est un leurre. L'homme souffre de la dignité bafouée et de la générosité frustrée. »[21]

---

[20]Jean Baudrillard, *La société de consommation*, Denoël, 1970, p. 18.
[21] Michel Serres, « L'homme interprète passionné du monde », in *Qu'est-ce que l'humain ?,* (en collaboration avec Pascal Pick et Jean-Didier Vincent), Le Pommier, 2003, p. 13.

La tâche de développement est un exercice ardu et complexe, puisqu'il n'est pas aisé de travailler de façon à ce que le savoir-être passe avant le savoir, le savoir-faire et le savoir-comprendre. Ce savoir-être ne se justifie que dans une reconnaissance d'autrui par moi, c'est-à-dire que « l'homme ne trouve pas le sens de la vie dans la logique des réflexes égocentriques mais dans le paradoxe d'une vie centrée sur l'altérité. »[22] Le développement est une question de rationalité. Et la rationalité ne repose pas seulement sur le réflexe technologique. La réalisation de l'homme ne s'achève pas dans une civilisation technicienne, puisqu'« à côté des démonstrations qui valident les théorèmes mathématiques ou les lois scientifiques, il existe une exigence pour le sujet de ne pas entrer en contradiction avec les conditions qui lui permettent de penser et de communiquer. »[23] La pensée rationnelle est aussi l'exigence du principe de la non contradiction, de la rigueur et de la cohérence dans le discours. C'est en cela qu'on peut juger du destin technologique ou technoscientifique.

III- La science a- t-elle un destin autre que le développement du monde ?

Le destin technoscientifique peut-il avoir une autre signification que ce à quoi nous invite Nietzsche ? Nietzsche pense que « nous ne pouvons comprendre qu'un univers façonné par nous-mêmes ». La science assure la permanence du renouvellement de la condition d'existence. Elle semble être le facteur de changement social qui détermine d'autres facteurs à changer. C'est pourquoi nous considérons la technoscience comme la manifestation d'une force productive caractéristique de l'humain. Et, comme nous pouvons le remarquer, avec Karl Marx,

> « les rapports sociaux sont intimement liés aux forces productives, les hommes changent leur mode de production en acquérant des

[22] Bernard Ibal, *Le XXIème siècle en panne d'humanisme. Le temps de la spiritualité sociale*, Bayard, Paris, 2002, p. 44.
[23] Luc Ferry, *La sagesse des Modernes. Dix questions pour notre temps,* en collaboration avec André Comte-Sponville, Robert Laffont, S A, 1998, p. 58.

nouvelles forces productives, et en changeant leur mode de production, la manière de gagner leur vie, ils changent tous leurs rapports sociaux. Le moulin à vent donne la société avec le suzerain ; le moulin à vapeur donne la société avec le capitaliste industriel. »[24]

Cette formule de Marx montre que la productivité est aujourd'hui la principale variable dans l'engendrement du changement social. À ce niveau, la science est une catégorie d'affirmation de l'indépendance de l'homme vis-à-vis de la nature. En réalité, c'est la science qui construit et établit le lien entre la pensée et le mode de vie de l'homme. C'est dire que l'homme d'aujourd'hui met un point d'honneur sur le travail scientifique. Dans notre société de consommation, le travail scientifique est la garantie du droit à la consommation. Le travail scientifique conduit au développement technologique qui donne droit à des facilités qui font qu'aujourd'hui quand on parle de travail, il s'agit de la science. La force de travail, déterminée par le niveau de maîtrise technologique, fait que désormais, « c'est le travail lui-même qui est consommé. Dans la mesure où il est préféré au temps libre, où il y a demande et satisfaction « névrotique » à travers le travail, où le surcroît de travail est indice de prestige, nous sommes dans le champ de la consommation du travail. »[25]

La vie humaine, aujourd'hui, s'appuie sur un réalisme et un pragmatisme qu'on remarque dans tous les actes de l'existence. C'est ainsi que, même en politique, le pouvoir s'appuie sur la puissance technique pour asseoir son idéologie. C'est la condition pour réussir dans le système néolibéral capitaliste. On voit bien comment tous, nous cédons au « culte des moyens, du calculable, de la performance pure, du négociable justement, bref au règne de ce que l'on nommerait encore la

---

[24]Karl Marx est ici repris par Jean-Jacques Salomon dans *Le destin technologique*, Balland, 1992, P. 96.

[25] Jean Baudrillard, *La société de consommation*, E.P. Denoël, 1970, p. 249.

marchandise »[26]. L'homme de notre temps est la mesure de toute chose, comme dirait Protagoras. Mais, il ne s'agit pas d'une mesure sans mesure, même si aucun principe moral ne lui est imposé de l'extérieur. Il s'agit d'une mesure objective. Depuis la révolution des sciences positives au XVIIème siècle, il n'est plus logiquement possible d'attribuer à la nature une valeur normative. La science contemporaine dépasse la pensée stoïcienne pour laquelle la nature est porteuse d'une intelligence. En fait, il s'agit de montrer que pour la science contemporaine, la nature est neutre, et l'idée d'une réalité intime à la nature est scientifiquement indémontrable et non vraie. La nature de chaque chose est établie par l'homme qui, échappe à la vie instinctive. La culture technologique constitue la preuve que c'est la rationalité qui guide l'homme. C'est pour cette raison que la perception de la notion de développement se fait sur une base aussi objective que le principe d'établissement de vérités scientifiques, c'est-à-dire que le niveau de développement de chaque pays se perçoit au-delà de toute subjectivité et est aussi vrai et irréfutable que la pensée scientifique selon laquelle 2 et 2 font 4 en base décimale. L'homme comme mesure de toute chose n'est pas l'homme introverti, mais il s'agit d'un être qui est parvenu à se défaire de l'instinct individualiste pour adopter l'esprit scientifique, c'est-à-dire « l'exigence cartésienne d'une critique du scepticisme. Ce afin d'éviter le psychologisme, la relativisation de la vérité et sa déchéance au rang des simples croyances [...] parmi d'autres. »[27]

Le travail scientifique et technique est la chance de l'humanité contemporaine. Et pour saisir cette chance, il faut avoir le goût de l'effort et du risque. Car, nous croyons aussi que « c'est dans l'hypothèse du risque de la mort que nous faisons l'épreuve des valeurs qui nous paraissent à tort ou à

---

26 Luc Ferry, *Qu'est-ce qu'une vie réussie ?,* Bernard Grasset, 2002, p. 38.

27 Luc Ferry, *La pensée 68. Essai sur l'anti humanisme contemporain*, Gallimard, Paris 1985, p. 296.

raison comme supérieures à notre existence »[28]. Avec la technoscience, l'homme place le bien-être au rang des valeurs sacrées et supérieures pour lesquelles il est indispensable de se sacrifier. Le sacrifice pour l'investissement dans les sciences est devenu un devoir pour les Etats modernes. Ainsi, « au début des années 60, le soutien de la science et de la technologie allait de soi et les ressources dont bénéficiait l'effort de recherche-développement coulaient à flots, croissant à un rythme plus rapide que celui des revenus nationaux. Le dossier que les scientifiques présentaient aux pouvoirs publics n'était pas difficile à plaider, car la cause était acquise d'avance »[29].

IV- Le système technoscientifique : bluff ou enjeux de notre temps

Il s'agit de poser le Problème de la portée et de la valeur d'une des clés d'interprétation de la société contemporaine. La technoscience semble être la dominante de notre siècle. Elle semble susciter des espoirs par les possibilités qu'elle offre, c'est-à-dire l'accroissement du bien-être et le processus d'accélération du développement social. Il faut le dire, la technoscience suscite aussi des inquiétudes. L'homme est inquiet parce qu'« un examen spécifique et approfondi des techniques les plus modernes : télévision, informatique, télématique, permet de mettre en relief le caractère parfaitement illusoire du discours sur la culture technicienne, la prévision… et la rationalité »[30]. L'homme est inquiet parce que c'est toute la culture qui est déterminée par l'esprit du rentable et de l'efficace. On n'existe que si on est compétitif. C'est une société qui n'accorde plus de place aux faibles, aux déshérités, aux non compétents techniquement, bref à toute attitude contraire à la dynamique de progrès scientifique. La vie de notre temps ne se fonde sur aucun principe de générosité, de sympathie, de compassion ou d'amitié sincère. C'est le temps

---

[28] Luc Ferry, *la sagesse des Modernes. Dix questions pour notre temps*, PP. 19-20.

[29] Jean-Jacques Salomon, *Le destin technologique*, p. 230.

[30]Jacques Ellul, *Le bluff technologique*, Hachette, 1988, 4e de couverture.

de la logique calculatrice puisque l'homo sapiens est devenu un *homo oeconomicus* ou un *homo technicus.* Comme on peut le constater, le vivre-ensemble est fondamentalement déterminé par l'économie et pourtant, « l'économie est totalement perturbée par une technique qui produit de moins en moins d'objets utiles et de plus en plus des gadgets »[31]. Comment donc fonder un espoir logique sur un discours technoscientifique qui se répand avec arrogance, en nous indiquant avec une certitude hardie la direction à suivre et la démarche à entreprendre pour atteindre ses objectifs existentiels ? En fait, la technoscience n'est pas seulement un mirage, elle nous prouve que l'homme sait faire usage de son entendement. Il s'agit de faire la part des choses et non de condamner la science, de savoir ou peuvent nous conduire les gadgets comme les jeux vidéo pour lesquels l'homme n'a pour seule satisfaction que le désir et le plaisir de recommencer quand il réussit à gagner.

La technoscience produit des objets utiles. Ce faisant, elle offre à l'homme la possibilité de devenir un citoyen du monde. Cette possibilité se lit à travers les autoroutes de la communication qui permettent une circulation en temps réel des informations ayant des implications directes sur la vie de tous les hommes. L'idée négative que l'on peut avoir au sujet de la technoscience vient du fait qu'on confonde généralement machine et technique. Même si la machine reste symptomatique de la technique, parce qu'elle est le degré idéal d'implémentation technique, il faut dire que la technique prend en charge la totalité des activités humaines. La technique est, à ce niveau, la discipline qui se situe à un niveau d'intelligence permettant de prendre en considération sa propre existence. Il s'agit de penser sa vie dans le sens de sa sécurisation, de son identification, de la prospective ou de l'anticipation. Mais, on ne peut pas nier que la machine constitue le facteur décisif de la technique. Malgré l'assurance que l'homme affiche, grâce à la science, il faut dire que

> «les nouvelles technologies portent à la fois les espoirs et les craintes d'un renouveau : tour à tour on les voit assumer un rôle de

---

[31]*Ibid.*

transformation radicale des sociétés, ouvrir une ère nouvelle entre groupes et individus, assurer le triomphe de la convivialité et des facultés les plus créatrices, ou devenir le véhicule de projets technocratiques et totalitaires, l'instrument irrépressible des dominations traditionnelles si non de nouveaux impérialismes, le point d'aboutissement de la division du monde en nantis et exclus »[1].

Néanmoins, il faut dire que, dans son déploiement, la technoscience essaie toujours d'accompagner l'homme dans la recherche de la réponse à la question de savoir comment vivre.

V- La technoscience : une des réponses à la question de savoir comment vivre

Il s'agit de revenir à la nécessité d'une perception pluridimensionnelle de l'homme. Les technosciences structurent l'environnement, nous offrent, à partir des technologies, l'occasion de maîtriser le principe physiologique et anatomique du fonctionnement humain, ou de toute la nature humaine. Comme nous pouvons le dire, avec Albert Jacquard, « l'objectif ultime de l'effort scientifique est de rendre plus lucide notre regard sur nous-mêmes »[2]. Or, dans la réalité, Il se se trouve que le développement fondé sur la seule technoscience ne répond pas nécessairement à la question fondamentale : « comment vivre ? » Et pourtant la technoscience est la condition pour l'homme d'être libre, c'est-à-dire de bien vivre. Et comme nous pouvons déjà le savoir : « être homme, c'est vouloir être libre. Or, je connais de l'intérieur ma possible liberté : mais mon intelligence me montre ses limites. Cette liberté, comment la construire, comment la transmettre ? »[3].

En considérant uniquement la science comme la solution aux problèmes de l'humanité, on voit s'échapper un idéal. Cet idéal s'explique en ceci que la nature humaine dépasse le cadre de ce

---

[1] Jean-Jacques Salomon, André Lebeau, *L'écrivain public et l'ordinateur. Mirages du développement*, p. 153.
[2] Albert Jacquard, *L'héritage de la liberté. De l'animalité à l'humanitude*, p. 13.
[3]*Ibid.* 4eme de couverture.

que les biotechnologies disent d'elle. Il s'agit pour la philosophie de chercher le moyen pour se retrouver au centre de toutes les interrogations sur l'homme. On ne peut l'ignorer, la science est l'expression d'une réalisation constante de la liberté humaine. Cette liberté se vit à plusieurs échelles. Dans un premier temps, il est question de créer une distance suffisamment grande entre la nature et nous. Ensuite, il y a l'opportunité de choisir l'image que nous souhaitons pour notre vie. Devant nous, il y a

> « les deux cheminements que peut suivre l'aventure humaine : ou la construction d'une humanitude s'enrichissant, sans fin, de nouvelles découvertes et de nouvelles exigences, ou la disparition stupide dans le froid et les ténèbres de l'hiver nucléaire rendu possible par notre aveuglement et déclenché par notre folie. À nous de choisir. Homo sapiens, nous dit Edgar Morin, est aussi homo démens : nous avons, chacun et collectivement, la possibilité de devenir notre propre négatif. C'est le prix à payer si nous voulons être libres »[1].

En réalité, l'histoire nous juge et la nature exécute la sentence en nous signifiant la destination que nous choisissons pour nous-mêmes.

L'existence de la philosophie doit prouver que la science n'est pas la seule discipline ayant une compétence lui permettant de parler de l'homme valablement. Il s'agit pour la philosophie d'imposer un discours qui déclasse l'utilitarisme positiviste dans lequel nous vivons aujourd'hui. L'homme n'a peut-être pas de confort sans les gadgets, mais puisqu'il n'est pas d'éloge flatteur sans liberté de blâmer, il faut bien qu'on regarde la technoscience avec une capacité de sélectionner entre les objets utiles et les simples gadgets. L'homme s'affirme comme un être exceptionnel. Cette exceptionnalité s'exprime dans le raisonnement logique. La loi scientifique qui nous rapporte à l'objectivité de nos connaissances ne peut pas être un simple état neuronal. Si l'homme pouvait se résumer à la matière, il y aurait toujours des doutes sur la véracité de nos affirmations scientifiques. Le raisonnement logique n'est pas

---

[1] Albert Jacquard, *Op. cit.*, p. 13.

l'expression du simple sentiment qui s'origine dans les relations chimiques internes au cerveau. Il y a un ensemble d'interactions qui se créent entre l'homme et la société et entre la société et la nature. Ces interactions ne peuvent toutes être expliquées sur la base des conditionnements biologiques. Si on veut justifier à tout prix la nature de l'homme à partir des sciences naturelles, il y a de fortes chances qu'on perde une partie importante de sa signification. Nous pensons avec Jean-Jacques Rousseau que la véritable nature s'identifie à l'authenticité originelle dont la culture des sciences et des arts, nous a fait perdre le sens. Il est nécessaire que la philosophie fasse partie intégrante du débat sur la question de la destination du développement technologique. Nous l'affirmons parce que la télégénique et les sciences biomédicales ne sont plus seulement une affaire du seul traitement de la santé de l'individu-patient. Les progrès biotechniques, biomédicaux et de l'ingénierie génétiques suscitent des questions qui engagent l'avis de l'opinion publique, du politique et fondamentalement du philosophe. « Il en va ainsi de la contraception, de la procréation artificielle et du diagnostic préimplantatoire, de l'avortement, de l'expérimentation médicales, des greffes d'organes, du génie génétique, de la thérapie génique (somatique et germinale), de l'acharnement thérapeutique et de l'euthanasie. »[1]

Si on réduit l'homme à son corps alors il devient l'objet de toutes sortes d'expérimentation. Même dans notre contexte capitaliste, il n'est pas question que l'homme devienne un simple instrument pour la promotion du libéralisme économique. Notre espoir en la technoscience s'estompe dès qu'on réalise que :

> « l'avancée implacable du processus de globalisation et monopolisation auquel souscrivent sans réserve les transnationales du médicament et des biotechnologies a fait sauter les uns après les autres les instruments de régulation sociale mis en place à l'époque de l'état providence ; les inégalités sociales s'accroissent,

---

[1] « L'espace d'une bioéthique, esquisse d'une problématisation », in journal *La respublica*, N° 21, septembre 1995.

l'individu citoyen se voit cantonné aux rôles de consommateur et l'espace public est restreint pour faire place aux marchés »[1].

Les aspirations de l'homme ne peuvent être totalement prises en compte si les technosciences restent au service d'une idéologie qui ne voit en l'individu humain qu'un pouvoir d'achat et de consommation. Il s'agit de supprimer les obstacles qui empêchent l'homme d'accéder à l'épanouissement souhaité. Il n'est pas question de développer un antiscientisme, mais de savoir, avec Louis Pasteur, qu'« un peu de science nous éloigne de Dieu, beaucoup de science nous y ramène ». Le combat de la philosophie consiste à faire en sorte que l'homme soit effectivement la fin de la science. D'ailleurs, lorsque la science a atteint son apogée, l'impact qu'elle a eu sur le plan social semble ne pas être, dans l'absolu, le triomphe de la rationalité. La réalité est telle que : « quand le savoir scientifique enfin se réalise massivement en pouvoir technique, s'avancent au premier rang non les savants, mais les industriels, et triomphe non la raison, mais le capital »[2]. On dirait que l'homme a définitivement pris une orientation qui ne le rassure pas toujours. Cette orientation est celle qui limite le développement à la croissance économique et à la puissance industrielle. Nous savons que si l'homme est doué de raison, alors, il est libre. La liberté signifie que la réalité historique est toujours un choix de vie parmi d'autres possibilités. L'homme a donc choisi la possibilité pour laquelle, on observe l'émergence d'un champ ouvert et favorable à un système de jeu « d'intérêts dominants ».

---

[1]Jean-Noël Ringuet, « les risques d'une science sans conscience », http://pages.infinit.net/jnr/textes_pers/ethiquegenetique.htm.
[2] Jean-Marc Levy-Leblond, *L'esprit de sel. Science, culture, politique*, p. 33.

Conclusion : Quelle science, pour quel développement, aujourd'hui ?

La science est une activité qui ne se traduit essentiellement que par sa mise en application. Pour cette raison, elle s'inscrit à la racine du développement économique et social. Elle est l'élément fondateur de réalisation de la liberté humaine. C'est par la science que l'homme se libère du déterminisme naturel et bouscule les limites qui pourraient freiner le bond qu'il fait vers la réalisation de son épanouissement. Il y a un principe d'articulation entre science et aspirations de l'homme, entre développement et bien-être. La science pourrait peut-être nous exposer aussi à des risques. Ces risques sont visibles dans les manipulations génétiques qui poussent à se demander si l'homme est en quête d'une humanité « augmentée». Il est question d'avoir un regard prospectif sur la condition humaine. L'homme sait comment définir et situer son action. En fait, « l'homme ; […] est pétri de projets ; il est obsédé par demain, hanté par l'inévitable catastrophe individuelle finale qu'apportera un après-demain plus ou moins lointain. Ses actes d'aujourd'hui sont orientés par le demain qu'il imagine ou qu'il souhaite. »[1]

A cause des risques auxquels nous expose la science, on a l'impression qu'il faut retrouver l'humanité dans d'autres discours. La philosophie, par exemple, tente de retrouver l'homme au-delà des propositions scientifiques. Mais, il faut dire que le discours philosophique est confronté aux exigences d'une société dont la perceptibilité et l'ouverture restent à motiver et à mobiliser. « Si dans la centralité de son propos sur l'homme, la philosophie se préoccupe de l'identifier, de définir sa condition, de préciser sa spécificité et les implications, il convient de reconnaitre que la réception de son discours n'est

[1] Albert Jacquard, *Op. cit.*, p. 194.

pas des plus heureuses. Il est contesté et répudié. Il trouve des concurrents et des substituts qui centrent l'humain ailleurs. »[1]

Le développement ne consiste pas à faire de l'homme un vivant ordinaire, un instrument au service d'une idéologie scientiste ou techniciste. Du fait de l'ambivalence des sciences, l'homme est déjà pris au piège des risques d'erreurs, de fautes ou d'accidents techniques. Il faut se rappeler que la science n'est pas seulement un savoir. Il s'agit d'un pouvoir technique qui a donné lieu à la poussée industrielle dont les conséquences peuvent susciter des inquiétudes. Entre autres mobiles d'inquiétudes, nous avons les gaz à effets de serres, les possibles catastrophes nucléaires. Les sciences doivent être au courant de l'incomplétude du discours qu'elles tiennent sur la nature humaine. La philosophie ne peut plus être répudiée, puisqu'elle participe à la réalisation de l'homme. La science n'explique pas la raison d'être des valeurs éthiques. Il y a dans la philosophie une autre façon d'expliquer et de comprendre l'homme. Les sciences « ne peuvent pas réellement expliquer pourquoi nous sommes des « démocrates », c'est-à-dire des partisans du principe de la souveraineté populaire et de la garantie des droits fondamentaux sous la protection d'un code de lois. »[2] Nous devons savoir que la condition humaine est déterminée par le type de choix qu'on fait pour structurer un mode de vie. Aujourd'hui, la religion est sécularisée et la philosophie, malgré son effort d'imposition d'une réflexion intégrale sur l'homme, peine à démonter le scientisme ambiant qui se construit solidement grâce aux changements concrets et positifs qu'apporte la technoscience. La philosophie fournit des efforts en s'interrogeant sur toutes les autres disciplines. Elle essaie de voir si ce n'est pas dans l'interdisciplinarité qu'il faut fonder la pertinence d'un discours qui veut établir les conditions de possibilité d'une vie réussie. A partir d'une réflexion interdisciplinaire, nous devons être capables de

---

[1]Antoine Manga Bihina in « Délimitée humain à l'ère des technosciences : un défi à la philosophie », Conférence inaugurale, octobre 2005 grand séminaire d'Otélé.

[2] Francis Fukuyama, *La fin de l'histoire et le dernier homme*, Flammarion, Paris, 1993, p. 16.

comprendre « les initiatives, les engagements et les projets de l'homme, de retrouver la contexture du monde pour pouvoir savoir où nous sommes, où nous allons, vers quoi nous orientons nous, jusqu'où pouvons-nous aller, avec qui et avec quoi »[1]. L'homme est, enfin de compte, un être dont l'existence est une constante résolution des paradoxes. Il s'agit d'une sorte de vivant qui, ayant constaté ses défaillances naturelles sur le plan physiologique et ses faiblesses dans son adaptabilité par rapport à la nature, a réussi à saisir une chance que n'a pu avoir aucun autre être vivant. Cette chance, c'est l'intelligence qui lui donne le pouvoir de s'attribuer à lui-même des pouvoirs. Toutefois, l'homme semble n'être pas satisfait de ces pouvoirs, parce qu'en arrière fond de son intelligence, le véritable sujet transcendantal lui parle en des termes comme : « tu ne feras pas ceci, pas cela.... »

---

[1]Formule de Gauguin, reprise par Antoine Manga Bihina. In « La récentration de l'homme : une des tâches actuelles de la philosophie », institut Saint Joseph Mukassa, 2005.

Bibliographie indicative

Baudrillard Jean, *La société de consommation*, E.P. Denoël, 1970

Dufrenne Mikel, *Pour l'homme*, Ed. Seuil, 1972.

Ellul Jacques, *La technique ou l'enjeu du siècle,* Economica, 1990.

Ellul Jacques, *Le bluff technologique*, Hachette, 1988.

Ferry Luc,

- *La pensée 68. Essai sur l'anti humanisme contemporain*, Gallimard, Paris, 1985.
- *La sagesse des Modernes. Dix questions pour notre temps,* en collaboration avec André Comte-Sponville, Robert Laffont, S A, 1998.
- *Qu'est-ce qu'une vie réussie ?,* Bernard Grasset, 2002.
- *Apprendre à vivre. Traité de philosophie à l'usage des jeunes générations*, Plon, 2006.

Fukuyama Francis, *La fin de l'histoire et le dernier homme*, Flammarion, Paris, 1993.

Ibal Bernard, *Le XXIème siècle en panne d'humanisme. Le temps de la spiritualité sociale*, Bayard, Paris, 2002.

Levy-Leblond Jean-Marc, *L'esprit de sel. Science, culture, politique,* Seuil, paris, 1984.

Manga Bihina Antoine,

- in « Délimitée humain à l'ère des technosciences : un défi à la philosophie », Conférence inaugurale, octobre 2005 grand séminaire d'Otélé, (inédit).
- « Invention scientifique et affirmation de l'individu », in *L'individuel et le collectif dans les sciences,* (sous la direction de Thérèse Bellè Wanguè), Dianoïa, Chennevières-sur-Marne, 1ère édition, 2004.

Ringuet Jean-Noël, « les risques d'une science sans conscience »,http://pages.infinit.net/jnr/textes_pers/ethiquegenetique.htm.

Programme des Nations Unies pour l'environnement, « L'environnement au service du développement », in http://unep.org/documents/Default.asp?

Salomon Jean-Jacques,
- *L'écrivain public et l'ordinateur. Mirages du développement,* en collaboration avec Lebeau André, Hachette, 1990.
- *Le destin technologique*, Balland, 1992.

Serres Michel, « L'homme interprète passionné du monde », in *Qu'est-ce que l'humain ?,* (en collaboration avec Pascal Pick et Jean-Didier Vincent), Le Pommier, 1990.

Chapitre III. LA THEORIE STOICIENNE DE LA NATURE

par

Janvier ZA'ABE[1]

Introduction

La préoccupation écologique, actualisée par la destruction irréversible de l'environnement a ravivé, de manière significative, l'intérêt porté à la nature, dans la mesure où, l'essor technoscientifique s'est traduit par la rupture du lien sempiternel entre l'homme et la nature. Cet essor s'est aussi accompagné d'une instabilité structurelle et fonctionnelle de l'équilibre précaire de notre environnement. C'est ce qui explique en partie le désordre constant que nous remarquons au niveau de l'écosystème qui cherche péniblement à retrouver ses repères dans un monde où la nature devient culture. Tout cela traduit la volonté de puissance de l'homme sur le cosmos et ses composants. Pour nous, il importe de chercher dans l'héritage de la pensée conceptuelle, les hauts lieux d'élaborations théoriques qui soient susceptibles de sceller de nouveau, l'âge d'or rompu entre l'homme et la nature. N'est-ce pas là une raison suffisante pour recourir à une pensée qui se veut une philosophie de la nature pour la nature ? Cette interrogation qui est d'une grande actualité nous amène à convoquer le stoïcisme pour l'interroger sur les différentes strates conceptuelles de la nature appréhendée sous le prisme de sa fonction référentielle.

I- Qu'est-ce que la nature ?

Les fondateurs du stoïcisme et leurs successeurs, font de la nature une instance référentielle à laquelle toutes les activités humaines doivent se conformer. Diogène, avec une minutie d'historien, nous propose un tableau remarquable des Stoïciens

[1] *Chargé de Cours au Département de philosophie/FALSH/UYI, e-mail : janvier_zaabe@yahoo.fr*

qui ont conçu la nature comme principe matriciel de l'agir humain :

> « C'est pourquoi, nous dit-il, Zénon le premier dans son Traité de la nature de l'homme, -ouvrage perdu- dit que la fin est de vivre conformément à la nature, c'est-à-dire selon la vertu. La nature en effet nous conduit à la vertu; se prononcent dans le même sens Cléanthe Du plaisir, Posidonius et Hécaton Des fins. D'autre part, vivre selon la vertu veut dire vivre selon l'expérience des événements qui arrivent selon la nature comme dit Chrysippe au premier livre des Fins »[2].

Quelle définition donnons-nous à la nature? La réponse nous vient encore une fois de plus du compilateur Diogène. Selon lui, « les Stoïciens entendent par nature, tantôt la force qui contient le monde, tantôt celle qui fait pousser les êtres vivants sur la terre. La nature est une force stable qui se meut d'elle-même qui produit selon les raisons séminales et contient ce qui vient d'elle en des temps déterminés, faisant des êtres pareils à ceux dont ils se sont détachés. La nature vise l'utile et le plaisir comme on le voit d'après l'organisation du monde »[3]. La tendance à instituer la nature comme archétype référentiel de l'agir humain n'est pas

---

[2] DIOGENE LAERCE, *Vie et opinion des philosophes*, VII, 87, p. 44. Nous citons tous les Stoïciens, sauf indication contraire, d'après *Les Stoïciens*, volume préparé par BREHIER (E.), et publié sous la direction de SCHULH (P. M.), Bibliothèque de la Pléiade, Gallimard, Paris 1990.

[3] DIOGENE LAERCE, *op. cit.*, VII, 147-149, pp. 63-64. La définition que donnent les Stoïciens de la nature ne va pas sans objection. Est-il question de la nature humaine ou plutôt de la nature universelle et physique? Cette question avait jadis divisé l'école. C'est du moins ce que nous rapporte Diogène : « Par nature, en conformité avec laquelle il faut vivre, Chrysippe entend la nature universelle et la nature particulière de l'homme, Cléanthe admet que c'est la seule nature universelle qu'il faut suivre et non pas notre nature particulière ». DIOGENE LAERCE, VII, p. 44. p. 87. Nous considérons les deux positions comme distinctes, mais complémentaires, dans la mesure où la nature humaine doit se fonder sur la nature universelle, tel un membre s'articulant sur l'organisme dont il fait partie. Les deux ne sont séparables que pour des nécessités d'analyse. C'est surtout ce que nous révélera la cosmobiologie stoïcienne.

le propre des Stoïciens mais de toute la philosophie grecque qui a établi une réflexivité au sein du couple nomos/physis. Cette identité n'est possible que dans une philosophie où la nature a un contenu sémantique téléologique. « Elle est porteuse d'une fin *telos*. La nature recèle un ordre caché qui doit être découvert. C'est pourquoi la nature constitue le *telos* de l'agir humain en tant que norme et critère ultime de l'action juste voire légale »[4].

D'où vient-il que l'homme doit se conformer à la nature? Celle-ci est, pour les Stoïciens, l'instance excellente de perfection, de rationalité et de plénitude. La nature n'est pas encore comprise comme un espace d'investigation qu'il faut techniquement rentabiliser ou encore une réserve d'énergie qu'il faut exploiter. Il s'agit plutôt d'un interlocuteur bienveillant qui parle à l'homme à travers chaque événement. C'est pourquoi, la nature est considérée comme le principe qui doit déterminer tout l'agir de l'homme.

Une telle conception n'est possible que par le biais des analogies cosmobiologiques. Elles permettent de se représenter le cosmos tel un être vivant doué de toutes les activités volitives. Tout laisse dès lors penser, comme l'affirme Cicéron, que : « La nature du monde possède les mouvements de la volonté, les tendances, les inclinations que les Grecs appellent hormai, et y font correspondre ses actes à la manière dont nous sommes mus par nos âmes et par nos sens »[5].

---

[4] HAARSCHER (G.), *La raison du plus fort*, Mardaga, Bruxelles, 1988, pp. 16-17.

[5] CICERON, *De la nature des dieux*, II, 22, 58; p. 429. C'est sur la base de cette analogie que les Stoïciens feront de la nature, l'étalon et l'unité de mesure et de référence de leurs actions. Désormais, pour eux, « il faut en effet prendre la nature comme guide : c'est elle que la raison observe et consulte. Car vivre heureusement et vivre conformément à la nature est une même chose ». SENEQUE, *De la vie heureuse,* 8, 1, p. 730. Le même auteur nous présente cet âge d'or en ces termes : « Les premiers mortels et les fils des premiers mortels suivaient ingénument la nature. Un homme était leur guide et leur roi : le meilleur d'entre eux, aux volontés duquel ils s'en remettaient (...)

En dépit de l'usage de cette analogie naïve, qui ne l'était pas pour les Stoïciens, ceux-ci ont réussi à concevoir la nature comme l'entité organique la plus parfaite qui puisse exister. Cette sublimation permet à la nature de devenir l'instance par excellence de référence et principe hétéronome de tout agir. Cette forme de prépondérance de la nature sur la vie morale s'accompagne d'une certitude rationnelle. La nature est bonne et harmonieusement ordonnée. Elle ne laisse place ni à l'irrationnel, ni au désordre. Tout ce qui advient est un vouloir bienveillant de la nature. Le Stoïcien doit obtempérer en conséquence. C'est là l'origine de la formule axiomatique de la *vie conforme à la nature.*

II- La nature comme principe matriciel

Que nous révèle le principe matriciel de la vie conforme à la nature ? Cet axiome du point de vue d'une anthropologie morale exige de l'être humain qu'il conforme ses désirs à la nécessité. Tout se passe comme si la nature lui interdisait de modifier le déroulement des événements. Il doit tout au plus collaborer à leur réalisation. Ce n'est pas étonnant que les Stoïciens arrivent à des convictions telle que : « Si je savais que la nature veut que je sois malade, j'aurais la volonté de l'être. Le pied, lui aussi, s'il avait conscience, aurait la volonté de se salir dans la boue»[6].

Cette soumission sans condition à la nature exige au préalable que l'aléa événementiel soit compris comme une

---

gouvernaient ce n'était pas régner, c'était servir. Le chef savait commander, les sujets savaient obéir (...). Quelle génération fut plus heureuse? Ils jouissaient en commun de la nature. Elle, comme une mère pourvoyait à la protection de tous. Là, (...) on allait jusqu'à interdire de borner et de protéger les champs, chacun récoltait pour la communauté. L'avarice a bousculé le plus raisonnable des régimes ». *SENEQUE, 90e Lettre à Lucilius*, Les Belles Lettres, Paris, 1962, pp. 28-29.

[6] EPICTETE, *Entretiens*, II, 6, 10, p. 894. Cette attitude est pour le moins négative à première vue, dans la mesure où il faut renoncer à la volonté de domination pour être plus réceptif à la nature et en communion avec elle. C'est ce que résume une étude très ramassée de SAKKAROFF (M.), « Le stoïcisme ou la liberté négative », *Revue des sciences humaines*, N° 129, 1968, pp. 161-167.

prescription qui, en tant que décret normatif de la nature, s'impose au désir humain. Nous ne sommes pas en présence d'un corps de lois à l'instar de la Torah hébraïque ou d'un autre catalogue de lois détaillées. La norme, pour le Portique, est inscrite dans l'ordre des choses. Il y a là une nette tendance à prendre en considération l'imprévisible, voire de l'anticiper intentionnellement. Cette démarche reste cependant essentiellement confinée sur le seul registre du possible. Sa condition de réalisation pose problème. L'ignorance du futur, en l'absence de toute prophétie, qui du moins ne relève pas d'un ordre philosophique, demeure, somme toute, sujet à caution et condamne cet effort d'anticipation à se déployer exclusivement sur l'horizon de l'imaginaire. L'être humain reste dans l'impossibilité de savoir exactement d'avance ce qui va lui arriver, ni quand cela va se passer. Cette imprévisibilité de l'aléa événementiel ne concède à l'homme aucun pouvoir effectif pour devancer l'œuvre de la nature. Il peut au mieux se conditionner, tel un athlète avant une compétition, à accepter les décrets de la nature.

C'est de cette incertitude que Sénèque se plaint quand il s'écrie :

> « La seule chose dont je pourrai me plaindre (...) c'est que vous -nature- ne m'avez pas fait connaître d'avance votre volonté! En effet je serais venu le premier là où je me présente maintenant à votre appel. Vous voulez prendre mes enfants? Je vous les offre. Vous voulez une partie de mon corps? Prenez-là. Vous voulez ma vie? Je ne prendrai aucun retard à vous rendre ce que vous m'avez donné; de bon gré je vous ferai emporter ce que vous me réclamez (...). Je ne subis pas de contrainte, je ne souffre de rien malgré moi; je ne suis pas esclave de la –nature-. Je suis consentant d'autant plus que je sais que tout découle d'une loi déterminée, fixée par l'éternité »[7].

Nous sommes en présence de la genèse de la loi naturelle. Sur ce sujet, Cicéron est sans équivoque. Il définit la loi comme la force de la nature et par là, lie intrinsèquement les deux exigences. C'est, dit-il : « de la loi qu'il faut partir pour parler du

---

[7] SENEQUE, *De la Providence*, V, 5, p, 769.

droit (...), pour établir le droit, partons de cette loi suprême qui, antérieure à tous les temps, a précédé toute loi écrite et la constitution de toute cité »[8]. Cette loi de la nature est immuable et universelle parce qu'elle est l'œuvre de la raison universelle. Elle doit, par conséquent, être la matrice de toute loi humaine.

Cette prégnance de la nature sur la loi fait du droit naturel, la norme transcendante assumant une fonction axiomatique selon laquelle et suivant l'avis des Stoïciens, la loi n'est pas une invention de l'homme, encore moins un décret des peuples. Elle est quelque chose d'éternel : « qui gouverne le monde entier, montrant ce qu'il est sage de prescrire ou d'interdire. Cette loi, à la fois la première et la dernière est l'esprit de la nature promulguant des obligations et des défenses également rationnelles »[9].

La nature se présente comme un ensemble d'ordonnances non écrites. Elle constitue le socle d'une morale fondée sur l'hétéronomie et dont la norme traduit une exigence de la nature. C'est pourquoi, Epictète demande «d'accorder notre volonté avec les événements de telle manière que nul événement n'arrive contre notre gré et qu'il n'y ait nul événement qui n'arrive lorsque nous le voulons. L'avantage, pour ceux qui sont ainsi pourvus, c'est de ne pas échouer dans

[8] CICERON, *De legibus*, I, 13, Garnier Flammarion, Paris, 1954.
[9] *Idem*, II, 4 ; Cicéron est plus explicite ailleurs quand il affirme : « il existe une loi vraie, c'est la droite raison, conforme à la nature, répandue dans tous les êtres humains, toujours d'accord avec elle-même, non sujette à périr, qui nous appelle impérieusement à remplir notre fonction, nous interdit la fraude et nous en détourne. L'honnête homme n'est pas sourd à ces commandements et à ses défenses; ils sont sans action sur les pervers, à cette loi nul amendement n'est permis, il n'est licite de l'abroger ni en totalité ni en partie. Ni le sénat, ni le peuple ne peuvent nous dispenser de lui obéir et point n'est besoin de chercher un Sextus pour l'expliquer ou l'interpréter. Cette loi n'est pas autre à Athènes, autre à Rome, autre aujourd'hui, autre demain, c'est une et même loi éternelle et immuable qui régit toutes les nations et en tout temps; il y a pour l'enseigner et la prescrire un Dieu unique ». CICERON, *De Republica,* III, 13.

leurs désirs, de ne pas tomber dans ce qu'ils détestent, de vivre intérieurement une vie sans peine, et sans trouble»[10].

Si le Stoïcien se soumet aux événements, c'est parce que ceux-ci constituent la trame de son existence. S'il accepte aussi le déterminisme de la nature, c'est pour mieux intérioriser la nécessité. Dans cet élan, l'être humain comprend que derrière chaque causalité événementielle, se profile en arrière fond un précepte de la nature. Ainsi, celui qui veut être en accord avec elle, lui doit obéissance pour mieux l'intérioriser. Cette démarche rattache à la cause efficiente, tous les faits qui se produisent. Nous disons d'elle qu'elle est ascendante.

Cette sagesse de vie considère que chaque homme, à travers les actes qu'il pose à l'échelle de son existence, remplit un rôle. Celui-ci lui est prescrit par la nature. Ne sommes-nous pas ici à l'épicentre d'un drame existentiel dans la mesure où l'être humain s'affirme dans l'impuissance ? Il doit exclure de son horizon d'action, toute révolte et toute perspective industrieuse de nature technoscientifique. Son objectif est de ne point s'écarter des directives de la nature. S'il contrevient à cette exigence, il est dès lors comparable à un « abcès du monde, puisqu'il s'écarte et se sépare de la loi de la nature universelle, en étant mécontent des événements; car ils sont produits par cette nature même qui t'a produit»[11].

III-De l'évènement à la nécessité

C'est en acceptant les aléas de l'existence que le Stoïcien cesse de subir l'effet de surprise des imprévus et de considérer la nature comme une inconnue. Il renonce de ce fait, à un horizon étroit et parcellaire du monde pour épouser une vision holiste. Ce passage de l'événement à la nécessité a lieu chaque fois que le désir coïncide avec l'harmonie cosmique. La nature révèle qu'elle n'est pas hostile à l'individu qui, en tant qu'homme du logos, « entre dans la liberté en entrant dans cet ordre à l'occasion de chaque événement vécu selon sa forme d'intériorité. Vivre ainsi, c'est comprendre, c'est faire cesser tout

---

[10] EPICTETE, *Entretiens*, II, 14, 7-8, p. 914.
[11] MARC-AURELE, *Les Pensées*, IV, 26, p. 1164.

isolement et toute sécession, c'est être libre. La relation au tout est libératrice, car la nécessité des parties est la spontanéité même du tout »[12].

S'il arrive à l'individu d'être mécontent de son sort, alors que celui-ci est un décret de la nature bienveillante, il s'expose à un conflit inégal. Un tel différend met en scène le particulier contre l'universel, l'organe contre l'organisme, l'individu contre la société. Il ne manque pas de métaphores suggestives pour signifier cette rupture :

> « As-tu jamais vu une main ou un pied coupé ou une tête tranchée gisante et séparée du reste du corps? -Se demande l'empereur Philosophe dans ses méditations-, Il se rend tel, autant qu'il est en lui celui qui ne veut pas ce qui arrive, qui se tranche ou qui agit en être insociable. Tu t'arraches en quelque sorte à l'unité de la nature; tu en es une excroissance, une partie; et maintenant tu t'es retranché d'elle »[13].

L'événement apparaît dans ce contexte, comme un épiphénomène qui met en relief le décret de la nature. Celui qui n'obtempère pas fait de lui-même, pour reprendre les mots de Voelke : « un produit pathologique menaçant la santé du monde »[14]. L'indocilité n'est délétère que pour l'individu. Le non-respect des lois de la nature ne change pas l'ordre du monde. L'insoumis, tel un organe qui se détache de l'organisme, s'atrophie. Il ne s'alimente plus du flux vital qui anime la totalité. Sevré du logos, il devient un insensé et un pervers.

Pour nous montrer jusqu'où l'individu doit être docile aux lois de la nature, Epictète n'hésite pas à simuler un dialogue avec un estropié qui accepte mal son infirmité :

> « Et ma jambe? -se demande l'impotent-, Il faut donc qu'elle reste estropiée? -Epictète de répondre- Esclave! C'est pour une misérable jambe que tu fais des reproches à la nature? Ne la

---

[12] COMBES (J.), « Deux styles de libération : la nécessité stoïcienne et l'exigence platonicienne », *Revue de Métaphysique et de Morale*, 1969, p. 311.

[13] *Les Pensées,* VIII, 34, p. 1206.

[14] VOELKE (A. J.), « Santé du monde, santé de l'individu », *Revue internationale de philosophie*, 1991, p. 331.

donnerais-tu pas volontiers à l'univers? Ne veux-tu pas t'en séparer? Ne la rendrais-tu pas avec joie à celui qui te l'a donnée? N'auras-tu qu'irritation et mécontentement de l'ordre établi par Zeus, qui l'a fixé et établi assisté par les Moires qui filent ton existence. Ne sais-tu pas qu'elle infime partie de l'univers tu es ? »[15]

Le stoïcisme érige la nature en instance référentielle de l'agir humain. L'événement devient dès lors, un appui empirique de la nécessité en tant qu'ordonnance de la nature qu'il faut exécuter. Nous sommes devant un véritable principe matriciel de la morale. C'est du moins ce que nous propose le stoïcisme qui pose la nature comme un référentiel, c'est-à-dire un principe de normativité. La norme, dans sa facticité ne tire sa pertinence que si elle est testée à l'épreuve des seuls critères de la nature. Le Portique possède-t-il de bonnes raisons pour justifier la norme à partir des données de la nature ?

IV-Une conception étriquée de la nature

La nature joue un rôle essentiel dans la pensée stoïcienne. Toutefois, les Stoïciens n'ont déployé leur intérêt que sur le seul registre éthique. Ils n'ont perçu de la nature que sa dimension normative qui doit tenir en laisse les désirs. Pouvaient-ils faire autrement ?

Le stoïcisme élève la nature au rang de paradigme référentiel de l'agir humain. Cette conception univoque, même si elle promeut l'ataraxie, est aujourd'hui largement dépassée. L'homme est aussi à bien des égards, un *homo faber*. Cette dimension industrieuse s'enracine dans un autre type de relation de l'homme à la nature. En cristallisant l'intérêt sur le seul registre éthique, le stoïcisme a minoré un pan important de la nature qui constitue le vecteur du développement humain.

---

[15] *Entretiens*, I, 12, 24, p. 840. Les Moires représentent dans la mythologie grecque trois soeurs : *Cloth, Lachesis et Antropos*. Elles personnifient le destin de chaque individu. Ce sont elles qui président à la naissance, à l'existence et à la mort de chaque homme. C'est ce qui explique le recours à cette métaphore esthétique. Tels des tisserands qui filent une toile, les Moires filent l'existence de chaque être humain. *Cf.* aussi *Entretiens*, II, 10, 5 et *Les Pensées*, IV, 34.

Ce mutisme est cependant à l'opposé du moyen stoïcisme. Celui-ci cherche à réhabiliter le désir dans sa quête de la nature. Bréhier résumant les paroles de Posidonius écrit à ce propos :

> « Les sages (...) ont inventé les arts qui facilitent la vie quotidienne, comme celui de bâtir, ils ont découvert les métaux et leurs usages, les arts agricoles, les moulins à blé; (...). Démocrite invente le four à poterie, Sénèque est un peu scandalisé du terre à terre de cette sagesse. Pour Posidonius, il est évident que rien n'est inséparable et que la raison humaine doit être à un égal degré artisane et théorique. Ces grandes découvertes se font d'ailleurs par des emprunts à la nature : le feu d'une forêt a fondu le premier les métaux; les dents de l'homme ont commencé le premier à moudre le grain de blé; il n'y a pas entre art et nature cette opposition qu'on se plaît à signaler »[16].

Une question historique que nous ne pouvons résoudre en quelques lignes se profile en arrière fond de cette problématique. Pourquoi l'essor technique chez les Grecs a-t-il été stoppé net ? Cette interrogation a suscité plusieurs hypothèses : « l'existence des esclaves, la croyance au destin qui, identifié à la nature, empêche l'homme d'orienter son action vers la modification du cours des choses et, enfin, l'existence des mathématiques et des outillages théoriques peu élaborés. La dernière thèse est la plus vraisemblable »[17].

Pour ce qui est du moyen stoïcisme, il n'est pas inutile de savoir que l'évolution chronologique du Portique s'étale sur trois périodes consécutives. L'ancien stoïcisme : il est celui des Fondateurs et couvre le troisième siècle avant Jésus-Christ. Il se situe géographiquement à Athènes. Les illustres représentants de cette période sont : Zénon de Cittium 322-264, le fondateur du stoïcisme, Cléanthe 264-232 et Chrysippe 232-204. Vient ensuite la deuxième période, le moyen stoïcisme. C'est à cette époque que le stoïcisme entreprend des percées à Rome. Ses représentants sont Panetius de Rhodes 204-129 et Posidonius

---

[16] BREHIER (E.), *Histoire de la philosophie, op. cit.*, pp. 358-359.
[17] BERTRAND (G.), *Les mécaniciens grecs : la naissance de la technologie*, Seuil, Paris, 1980.

d'Epamée 135-51. Quant au stoïcisme de l'époque impériale, ou encore le stoïcisme récent, il s'étend sur les deux premiers siècles de notre ère. Il est illustré par Sénèque 4-65, Epictète 50-120 et Marc-Aurèle 121-180.

Ces poussées prométhéennes qui incitent l'homme à exploiter la nature n'auront plus d'écho dans le stoïcisme de l'époque impériale –Epictète, Marc Aurèle et Sénèque- car tout se cristallise ici sur la dimension éthique. La conception de la nature, chez les derniers Stoïciens, témoigne de cet oubli. Si avec Posidonius, nous pouvons considérer le désir comme le moteur de l'industrie qui exploite le potentiel inhérent à la nature, afin de faciliter la vie de l'homme en société, le stoïcisme de l'époque impériale n'insistera plus que sur la maîtrise du désir qui doit conduire à une vie conforme à la nature qui est la voie d'accès à l'eudémonisme. Le mérite du Portique n'est-il pas ici d'avoir montré à suffisance que le développement humain est aussi pensable à partir du registre éthique ? C'est ce que semblent oublier nos contemporains plus soucieux de l'approche technoscientifique de la nature au mépris du respect de celle-ci et de l'équilibre harmonieux entre l'homme et son environnement.

Le désir dans cette optique ne peut plus être compris comme le principe de la production et l'indicateur de la volonté de puissance de l'homme vis-à-vis de la nature. Les derniers Stoïciens n'ont appréhendé le désir que sous le prisme éthique ; dompté, il permet à l'homme d'être indifférent aux vicissitudes de l'existence. C'est aussi le même désir qui, dans sa capacité anticipative et inventive, réhabilite l'imaginaire dans sa fonction industrieuse et heuristique.

Il n'est plus pensable de nos jours, de réduire la nature à sa seule fonction référentielle qui exige du désir, la mesure et la sobriété, alors que grâce à la nature, l'homme s'affirme comme *homo faber*. Cette dimension est importante pour toute pensée qui cherche à approfondir la relation de l'homme à la nature, c'est-à-dire en tenant compte de l'impératif écologique et de l'exigence technoscientique qui ne vise fondamentalement rien d'autre que l'amélioration des conditions de vie. Cette quête de plénitude de l'existence de l'être de l'homme au monde doit tout aussi bien se déployer sur le segment éthique que sur celui de l'exploitation de la nature.

Nous ne reprochons pas aux Stoïciens d'avoir investi la nature uniquement sous l'angle de l'éthique pour mieux brider le désir. Nous regrettons aujourd'hui l'étroitesse de cet horizon qui n'a pas pu remarquer que la rentabilité de la nature pouvait aussi être importante pour l'homme, pour ne pas dire qu'elle aurait pu constituer le seul aiguillon qui excite l'industrie et l'activité des hommes[18].

Ce constat nous invite à revoir le genre de rapport que nous pouvons entretenir avec la nature. En effet, c'est le même désir qui éveille en nous une sorte d'insatisfaction qui est aussi un aiguillon du savoir et permet en même temps à l'homme de rentabiliser les différentes potentialités de la nature. Nous voilà aux antipodes d'une approche qui prône une soumission inconditionnelle à la nature. Nos rapports à la nature doivent désormais intégrer des aspects qui furent jadis inconnus des Stoïciens. La différence demeure dans la mesure où le premier cherche à apprivoiser ses désirs et le second à leur donner libre cours pour mieux rentabiliser techniquement la nature et la dominer en exploitant certaines de ses lois pour améliorer les conditions d'existence. Cette attitude qui caractérise notre relation à la nature s'oppose à celle du Stoïcien.

Le stoïcien se soumet au cosmos dans l'espoir de mettre en laisse tous ses désirs. « Le Stoïcien, comme le remarque Le Senne, semble fréquemment impliquer comme une volonté de ne pas risquer, parce que l'on ne pourrait que perdre, en opposition avec une libéralité qui ne déprécie pas les choses, parce qu'elle sera heureuse de les donner »[19].

Les Stoïciens ne s'orientent pas vers la culture d'expansion de l'action et de la domination de la nature. Pouvaient-ils faire autrement? Ce qui est sûr, la vie en société nécessite un

---

[18] LOCKE (J.), *Essai philosophique concernant l'entendement humain*, Vrin, Paris, 1972, p. 177.
[19] LE SENNE (R.), *op., cit.,* p. 182.

minimum de biens matériels. Ceux-ci sont des productions humaines réalisées à partir de la domestication du potentiel de la nature afin de satisfaire certains désirs. De ce qui précède, la conception stoïcienne de la nature méconnaît une dimension essentielle : celle de la rentabilité industrieuse de l'activité humaine à l'œuvre dans la nature. Il n'est plus possible d'évaluer la nature uniquement sous le seul prisme éthique.

Cette surdétermination de l'éthique sur la nature pose problème dans une société qui intériorise dans sa culture la créativité et l'inventivité. Celles-ci cherchent à procurer à l'homme ce qu'il veut. Le désir n'est plus seulement une recherche d'adéquation à un ordre établi par la nature. Il est surtout de nos jours le moteur de la production et de la consommation. Nous ne demandons pas aux Stoïciens une compréhension de la nature qui intègre les acquis du XXIe siècle. Nous devons reconnaître cependant que leur conception de la nature, si elle est loin d'être fausse, nécessite d'être complétée pour qu'elle gagne en pertinence.

Conclusion

Le portique, en transférant, sur un plan philosophique, les différents attributs du divin à la nature, a sacralisé un ordre naturel qui est difficilement crédible dans un monde où la théodicée cède le pas à l'anthropodicée. Cette mutation s'accompagne irrévocablement d'une laïcisation de la nature. La conception stoïcienne de la nature qui se développe sur fond de sacralité a cependant le mérite d'insister, plus que d'autres philosophies, sur l'holisme de la nature. Cette pensée globalisante nous fait prendre conscience de la dimension élémentaire de l'être de l'homme au monde. La partie d'un tout ne peut, pour ainsi dire, assurer sa reviviscence que si elle respecte et se soumet à la vision molaire d'un monde global et essentiellement organiciste. Tel est le legs du Portique, à nous post modernes qui vivons à l'époque où chacun, s'il veut s'ennoblir et respecter son environnement, doit se considérer comme la partie d'un tout qui lui assure en dernier recours sa signification ultime et dernière.

Bibliographie

BERTRAND (G.), *Les mécaniciens grecs : la naissance de la technologie*, Seuil, Paris, 1980.

BODSON (A), *La morale sociale des derniers Stoïciens*, Les Belles Lettres, Paris, 1967.

BREHIER (E*), Etude de philosophie antique*, PUF, Paris, 1955.

- *Idem, Chrysippe et l'ancien stoïcisme*, PUF, Paris, 1955.

BRIDOUX (A), *Le stoïcisme et son influence*, Vrin, Paris, 1966.

COMBES (J.), « Deux styles de libération : la nécessité stoïcienne et l'exigence platonicienne », *Revue de Métaphysique et de Morale*, 1969.

SCHULH (P. M.), *Les Stoïciens*, volume préparé par BREHIER (E.), Bibliothèque de la Pléiade, Gallimard, Paris, 1990.

CICERON, *De la nature des dieux, in les Stoïciens*,

CICERON, *De legibus*, I, 13, Garnier-Flammarion, Paris, 1954.

EPICTETE, *Entretiens,* livres I, II, III, IV, in *Les Stoïciens*,

GRIMAL (P), *Marc-Aurèle*, Fayard, Paris 1991.

HAARSCHER (G.), *La raison du plus fort*, Mardaga, Bruxelles, 1988.

HADOT (P), *La citadelle intérieure*, Fayard, Paris, 1992.

HOVEN (R), *Stoïcisme et stoïciens face au problème de l'au-delà*, Les Belles Lettres, Paris, 1971.

MARC-AURELE, *Les Pensées, in les Stoïciens.*

MOREAU (J), *Epictète ou le secret de la liberté*, Seghers, Vienne, 1964, 182 p

SENEQUE, *90e Lettre à Lucilius*, Les Belles Lettres, Paris, 1962.

SENEQUE, *De la Providence*, in Les Stoïciens.

SAKKAROFF (M.), « Le stoïcisme ou la liberté négative », *Revue des sciences humaines*, N° 129, 1968.

VERBEKE (G), *L'évolution de la doctrine du pneuma*, Desclé de Brower, Paris, 1945.

VIRIEUX-REYMOND (A. J.), *Pour connaître la pensée des stoïciens*, Bordas, Paris, 1976.

VOELKE (A. J.), « Santé du monde, santé de l'individu », *Revue internationale de philosophie*, 1991.

- *L'idée de la volonté dans le stoïcisme*, PUF, Paris, 1973.

Chapitre IV. CROISSANCE ET DEVELOPPEMENT DURABLE. COMMENT SORTIR DU LEURRE D'UN CONCEPT *GREENWASHING* ?

par

Adder Abel GWODA, Ph.D.[20]

Résumé

Le concept de croissance a généré d'importants débats sur les notions d'environnement, d'échange inégal, et d'exploitation ou de dépendance, d'où l'amorce d'un changement de paradigme. La notion de développement durable, qui s'inscrit dans ce registre, va constituer un élément central de la rhétorique des nations et principalement des pays du Centre. Cependant, cette unanimité mondiale sur le Développement durable semble trahir un accord de façade. Un recul philosophique permet de se demander si le développement durable est une brillante idée nouvelle ou alors une nouvelle idéologie qui tente de manipuler les pays de la périphérie. La morale coresponsabiliste *qu'enjoint le développement durable n'est-elle pas une arnaque occidentale pour amadouer les pays du Sud afin de pouvoir, aux dépens de leur développement, préserver la biodiversité et réclamer la solidarité ? Je postule alors la nécessité d'un travail de déligitimation de la manipulation du* « greenwashing » *essentiellement occidentalo-centriste, en donnant un nouveau sens à la croissance verte, celle de l'*action écocentrique *qui permet de penser un autre modèle de développement, pourvoyeur d'un véritable développement humain dans le respect de l'environnement.*

[20] *Chargé de cours au Département de Philosophie-Psychologie, Université de Maroua,* Courriel : gadder_a@yahoo.fr, http://www.gwoda.canalblog.com

Introduction

Lancé comme mot d'ordre, il y a plus de vingt ans, le développement durable s'est imposé comme un des enjeux majeurs du XXe siècle. Souvent présenté comme une solution aux problèmes qui se posent à l'humanité, il subit paradoxalement des critiques, du fait qu'il est greffé sur la reproduction ratée d'un modèle occidental, historiquement daté. Le développement soutenable comme on peut aussi le nommer, doit être avant tout vu comme une somme de questions énigmatiques : comment faire pour accroître le bien-être de la population mondiale, lutter contre les inégalités sociales et sauvegarder la dynamique de la biosphère ? Ne faut-il pas plutôt penser en termes de décroissance, tout au moins dans les régions riches de la planète ? Est-il possible de s'orienter vers la recherche de la réconciliation entre les exigences du développement économique et celles de la sauvegarde de l'environnement ? Et plus anecdotique dans notre cas d'étude, on va se demander avec Sylvie Brunel, si le développement durable n'est qu'un cheval de Troie des pays du Nord pour dominer ceux du Sud, et remodeler leurs grandes zones d'influence ?

Comprendre le développement durable comme une panacée nous impose d'abord d'analyser la notion de croissance, successivement comme maîtrise du développement et source des crises du surdéveloppement. Cette perte de la maîtrise du développement par la notion croissance instrumentale va exiger une réinvention du développement, qui se voudra désormais développement durable ou soutenable. Seulement, cette nouvelle exigence envisagée suivant une rationalité occidentalo-centriste, ne sera opérante que dans sa version proactive et écocentrique.

I - La croissance, ses avatars et la nécessité d'un changement de paradigme

Le destin des humains semble s'écrire sur les courbes des économistes, ce qui assimile logiquement le bonheur des hommes à la prospérité, c'est-à-dire au développement de leurs sociétés, à la croissance ininterrompue. Développement et croissance apparaissent étroitement liés. C'est la raison pour laquelle nous devons adopter un angle de vue étroitement économique et fortement tributaire d'une appréciation occidentale des choses. Qu'est-ce que le développement ? Serait-il nécessairement économique dans son désir de donner le bonheur et la prospérité aux hommes? Comment s'orienter dans les débats ininterrompus sur le développement et la croissance face aux multiples actions entreprises au nom de ces concepts ?

1. Notions de développement et de croissance

Selon l'approche normative[21], le développement c'est le progrès, l'essor en taille, en qualité, l'expansion, la propagation, le rayonnement. Se développer, c'est atteindre un état plus avancé, plus près de la perfection. C'est le passage d'un état moindre à un état plus élaboré. Cependant, si le développement tel que défini ici apparaît dans son sens commun comme l'action de se développer (organisme, organe), c'est-à-dire qui prend de l'extension, et dans son sens biologique, comme la succession des événements (phases et stades) par lesquels un organisme arrive à maturité, l'analogie de ces deux sens au niveau humain fait voir le développement comme essentiellement économique. C'est l'avoir qui permet le développement biologique harmonieux. Le développement est donc assimilé dans ce sens à un processus conduisant à l'amélioration du bien-être des humains. Ce développement dont le moyen reconnu est la croissance, rime très souvent avec production croissante de biens et de marchandises, adoptant ainsi un angle de vue étroitement économique. C'est de ce développement qu'il est question dans ce travail.

Le développement tel qu'il est envisagé est une lutte pour la vie contre la mort. Comme tel, il devient une obsession à conquérir l'avoir, laquelle doit préserver l'être en face de la

---

[21] C'est une approche qui décrit le monde tel qu'il devrait être, c'est le reflet d'opinions personnelles, elle est élaborée à partir d'une synergie d'éléments locaux et extra-locaux (moyens humains, matériels, financiers, symboliques) dans un secteur défini selon certains principes et objectifs).

mort ou tout au moins la retarder. Ce déploiement contre la mort se fait sur la trajectoire du temps. Le développement devient donc le devenir dans son corolaire temps. Le paramètre temps va imposer au développement le passage d'un état inférieur à un état de perfection qui va s'appeler croissance.

Il faut noter que le concept de croissance tire son origine de la biologie du vivant et non de l'économie. La phusis ou nature dérivé de phuein chez les Grecs, comporte le terme de croissance. Comme chez Aristote, la croissance concerne le vivant, ce qui croît, connaît un développement dans la perfection de sa forme, puis décroît, pour permettre un nouveau développement. C'est donc vers ce modèle du vivant que les économistes tirent leur principe de croissance et de développement. Cependant, la temporalité qui module la croissance peut malheureusement être interprétée de deux manières : selon un mouvement cyclique dont parle Aristote, comme dans la croissance naturelle ou selon un mouvement linéaire, comme action contre la mort. Cette dernière, contraire à la vision cyclique des sociétés humaines[22] introduite par la modernité va faire modifier radicalement la conception du développement. Désormais, le développement est associé au concept du progrès avec pour soubassement l'idée de croissance infinie. Et tous ceux qui ne sont pas dans cette logique ou qui ne réussissent pas à intégrer ce temps linéaire de la modernité sont indexés comme sociétés « sous-développées ».

Ce développement est véhiculé par la technologie. Celle-ci est sensée conduire l'homme moderne vers un état meilleur, c'est-à-dire comme le suggérait l'Aufklärung, vers un état de bonheur par une verbesserung (amélioration) de la condition humaine. Cependant, cette amélioration, mue par le temps linéaire va rompre net avec son origine naturelle. Désormais, le développement n'étant plus construit sur du naturel mais sur de l'artificiel, sera une conquête de la nature, c'est-à-dire une croissance dénaturée, faisant passer ainsi du qualitatif à

---

[22] Il s'agit ici des sociétés que Popper qualifie de « *société close* », in *La Société ouverte et ses ennemis.*

l'idéologie du quantitatif[23]. Une telle rationalité à travers laquelle la totalité du réel se voit soumise à l'objectivation n'est rien d'autre que la science moderne elle-même. L'homme doit « devenir maître et possesseur de la nature », afin d'accéder au progrès. Le mot « progrès » change alors définitivement son sens originel lié à la Vie pour s'identifier au seul progrès technique. La croissance économique, issue de la pensée mécaniste qui sera son corollaire, va tout simplement ignorer le paramètre nature. Or, en séparant l'économie de la nature, on la coupe de la réalité. On produit une autre vision du développement : l'idéologie du consumérisme.

Par ailleurs, la religion économistique mue par l'esprit du capitalisme qui est à l'origine de l'idéologie du consumériste enseigne et défend le dogme du *développement* comme croissance. Le développement est ici comme l'a défini Gilbert Rist, un « ensemble de pratiques parfois contradictoires qui, pour assurer la reproduction sociale, obligent à transformer et à détruire, de façon généralisée, le milieu naturel et les rapports sociaux en vue d'une production croissante de marchandises (biens et services) destinées, à travers l'échange, à la demande sociale »[24]. Ainsi, le développement fait croire à l'avènement du bien-être pour tous, même si dans les pays du Sud, il était plutôt question de la lutte contre la pauvreté au lieu du développement. Toujours est-il que ce concept repose sur une croyance profondément ancrée dans l'imaginaire occidental. Et dans les termes d'Edgar Morin, dans *Terre-patrie,* il est clair qu'« au fondement de l'idée maîtresse de développement, il y a le paradigme occidental du progrès »[25].

---

[23] Je conteste ici l'analyse de Joseph Schumpeter (1912) *The Theory of Economic Development,* Cambridge, Harvard University Press, reprise par Franck-Dominique Vivien dans son article « Jalons pour une histoire de la notion de développement durable », in *Mondes en Développement,* Vol.31-2003/1-n°121, qui segmente le développement de la croissance en leur associant respectivement le qualitatif et le quantitatif.

[24]Rist Gilbert, *Le développement. Histoire d'une croyance occidentale,* (2e Édition), Paris, Les Presses de Sciences-Po, 2001.

[25] Edgar Morin, *Terre-patrie,* Le Seuil, 1993,

2. Les avatars d'un mythe occidental et la nécessité de repenser le développement

Gilbert Rist a pensé le développement tel qu'il se présente à nous aujourd'hui, comme la résultante d'un mythe occidental. En effet, pour lui, il se trouve qu'au cœur du dispositif occidental, existe une idée que l'histoire de l'humanité est faite sur le linéairement du temps. Dès lors, le développement des sociétés, des connaissances et de la richesse, correspondent à un principe « naturel » autodynamique[26]. Ce développement tel qu'il est véhiculé, est la métaphore de la nature. Le champ de la science et celui de la technoscience sont coextensifs à celui de la nature comme chez Aristote. Nature en tant que dérivée de *phuein* signifie croître, se développer[27]. Concevoir l'Histoire en marche vers une fin c'est entrevoir le devenir de l'humanité dans une procession dialectique.

L'Histoire évolue et progresse en surmontant ses contradictions par des ruptures épistémologiques. Cette histoire conçue comme suivant un fil directeur est irréversible : chez Fukuyama, par exemple, la linéarité implique la progression et exclut tout recommencement. Pour lui « La compréhension scientifique de la nature n'est ni cyclique, ni aléatoire ; l'humanité ne revient pas périodiquement au même état d'ignorance primitive et les résultats de la science physique moderne ne sont pas soumis aux seuls caprices de l'homme. »[28] C'est bien du principe naturel qu'est construite la conception moderne du développement. De même que dans le développement d'un organisme, le développement va comporter quatre caractéristiques fondamentales, la directionnalité (la croissance a un sens et un but) ; la *continuité* (la nature ne fait pas de saut) ; la cumulativité (chaque étape nouvelle dépend de la précédente) ; l'irréversibilité (lorsqu'une étape est franchie, le retour en arrière n'est pas possible)[29]. Cette vision qui s'oppose

---

[26] Rist G., *op. cit.*, p. 75.

[27] Aristote, *Métaphysique, Livre V*, &4/1-8 (1014b, 1015a)

[28] F. Fukuyama, *La fin de l'histoire*, trad., Denis-Armand Canal, Flammarion, 1992, p. 98.

[29] Rist G., *op. cit.*, p. 50.

au principe cyclique du naturalisme a constitué le soubassement de l'arrogance occidentale envers les peuples vivant en pleine immersion dans le cycle naturel. C'est un effet de l'arrogance occidentale que de considérer la société moderne comme différente des autres, sous prétexte qu'elle serait sécularisée et rationnelle.

Les implications d'une telle conception de l'histoire sur la technocience furent théorisées par Descartes[30] et Bacon[31]. Ceux-ci ont vu en la science, le pouvoir que l'homme aura de transformer la nature à son avantage. Le siècle des Lumières avec sa notion de progrès de l'humanité rendra cette transformation inexorable. C'est le XIXe siècle, avec son positivisme et son scientisme, qui confirmera, dans les faits par l'industrialisme, ces visions soutenues par Auguste Comte et par Saint-Simon. Ce développement, visant une croissance soutenue, peut être défini, au-delà de tous les affrontements idéologiques qu'il a suscités, comme l'enclenchement d'un processus d'enrichissement et de diversification croissante des activités économiques mises au service de l'élévation du niveau de vie d'une société. Seulement, cette poursuite de la croissance, aidée par la révolution industrielle, va permettre à l'Occident d'entrer dans une ère d'abondance. En conséquence, pour Rostow, in *Les Étapes de la croissance économique* (1958), c'est l'ère de la consommation de masse qui va prendre la place, c'est aussi ce que Calbraith pense, in *L'ère de l'opulence*[32]. Le type d'homme qui en sort est cet *homme unidimensionnel* théorisé par Herbert Marcuse[33]. Seulement, deux siècles plus tard, on est à la porte de l'épuisement des

---

[30] L'on voit aisément l'origine de la crise écologique chez Descartes pour qui, l'homme devait se « rendre maître et possesseur de la nature » (Discours de la méthode, sixième partie, lettre à Morus du 5 février 1649).

[31] Bacon, *Novum Organon*, I, 10, 24, 98. II, 6 ; *Du progrès et de la promotion des savoirs.*

[32] Calbraith J. K. *L'ère de l'opulence (The Affluent Society).* Trad. Andrée R. Picard. Paris, Calmann-Lévy, 1961.

[33] Herbert Marcuse, *L'homme unidimensionnel*, Paris, Éditions de Minuit, 1968.

énergies fossiles (charbon, gaz, pétrole), on assiste au réchauffement climatique, à la pollution des milieux naturels, à la destruction des écosystèmes, à la désertification, et aux ratés du modèle technologique des années 80 par ses catastrophes : Seveso en 1979, Bhopal en 1984, Tchernobyl en 1986, Fukushima en 2011,... L'accroissement des inégalités planétaires sont aussi autant de marques de ce développement raté.

L'homme – l'occidental – est devenu maître et possesseur de la nature. Cependant, cette maîtrise et cette possession de la nature ne sont pas sans dommages sur l'environnement, comme pouvait l'entrevoir Jean-Jacques Rousseau, qui ne voyait pas seulement dans l'action transformatrice de l'homme des gains, mais aussi des *pertes*[34]. C'est justement à cause de ces pertes que le monde vit une situation de crise incommensurable provoquée par les progrès technoscientifiques, qui ont des effets irréversibles sur la nature : « La nature ne peut excéder son essence, qui est la vie. Or la menace sur la vie de la nature est aujourd'hui réalité. Le progrès peut devenir un crime contre l'humanité »[35]. Tout semble se passer dans cette vision du développement comme si l'humain, par les découvertes qu'il opère pour mieux vivre est, paradoxalement, en train de fourbir les armes de sa propre destruction. G. Marcel pourrait dire par sa notion de « technique d'avilissement » que la technique, loin de procurer le bonheur à l'homme est un instrument fabriqué, inventé par l'homme pour lutter contre l'humain, il est un obstacle sur la voie qui nous conduit à un humanisme vrai. Il menace les conditions d'existence pacifique de l'humanité[36]. Et c'est sur ce fond de catastrophe possible, que se construit une importante prise de conscience mondiale sur le devenir de l'humanité. D'où la prise de conscience des sociétés industrielles des ratés de leur progrès et la nécessité de changer

[34] *Cf. Discours sur l'origine et les fondements de l'inégalité parmi les hommes.*

[35] E. Morin & S. Naïr, *Une politique de civilisation*, Arléa, Paris, 1997, p. 203.

[36] G. Marcel, *Les hommes contre l'humain*, Paris, La Colombe-Éditions du Vieux Colombier, 1951.

de paradigme[1], lequel paradigme requiert une éthique nouvelle ; nouvelle ; celle qu'on va allégrement appeler le développement durable.

II- Le développement durable : un marketing *greenwashing*

Cette vision du développement qui se fonde sur un univers mental doctrinaire, linéaire, quantifié, unidimensionnel, selon les dires de Morin, a perdu toute crédibilité[2]. Il faut la dépasser. La dépasser ou la restructurer ? La dépasser, c'est renoncer aux acquis en terme de niveau de vie, c'est virer vers la décroissance. Cette alternative est erronée et délétère pour l'Occident. Comment changer de mode de vie ? Il faut continuer avec la croissance et la soutenir, mais restructurer le développement en passant par un mode axé sur une prise de conscience du fonctionnement systémique de l'économie. Cette vision conduit à l'idée du développement durable. Toutefois, comment concevoir une croissance soutenue dans un processus de développement durable (développement soutenable) ? Parler de croissance soutenue et invoquer la nécessité d'un développement durable semble contradictoire. La première expression est logiquement inséparable de l'idée de progrès selon la vision linéaire. La deuxième expression implique un plus grand souci de responsabilité, celle d'un changement de paradigme. Entre les mots et les choses, n'est-il pas urgent de déceler ce leurre grossier que de donner à croire que l'accroissement du profit puisse être responsable ? N'est-ce pas là juste un principe du greenwashing[3] ?

---

[1] *Cf.* à cet effet Bourg Dominique, Rayssac Gilles-Laurent, *Le développement durable, maintenant ou jamais*, Paris, Gallimard (Découvertes), 2006.

[2] E. Morin& S. Naïr, *Une politique de civilisation,* Arléa, Paris, 1997, p. 113.

[3] Traduction : lavage vert. Principe qui consiste à justifier que son action est conforme aux prescriptions du développement durable. Dans l'industrie, c'est la possibilité recyclable du produit.

1. Fondement du développement durable

Le développement durable va faire suite au développement dont l'édifice doctrinal de la croissance a commencé à se craqueler quand des doutes sérieux ont commencé à être nettement formulés ; on peut alors comprendre dans quel contexte étaient rédigées les conclusions du *Rapport Meadows* (1972)[1] et celles du *Rapport Brundtland* (1987)[2], qui provoqueront une meilleure prise de conscience sur la question d'un développement durable.

Le développement durable est « un développement qui répond aux besoins présents sans compromettre la capacité des générations futures de répondre aux leurs ». Il reprend trois principes que Hans Jonas développait dans son œuvre majeure[3] *: Le principe de responsabilité*, qui consiste à mettre en œuvre une responsabilité humaine environnementale pour l'ensemble des activités et des décisions techniques ; le principe de précaution, qui permet de prévenir tout risque, en allant au-delà des lois en vigueur ; et le principe de transparence, qui vise à informer, à contribuer, à vulgariser des observations, des faits et à accroître la visibilité de l'information. Cet ouvrage de Hans Jonas est tout à fait symptomatique de la prise de conscience qui a lieu

---

[1] *Rapport Meadows* (1972) rédigé par des experts du M.I.T (Massachussetts Institute of Technology), était une simulation théorique sur le titre « *The limits to growth.* Ce rapport conclut que le système mondial va vers une crise majeure et qui le détruira dans moins de 100 ans. Seul un modèle du monde qui soit soutenable (*sustainable*), ne s'effondre pas et est capable de satisfaire les besoins matériels de tous.

[2] Rapport Brundtland dont le titre est : *Our common future / Notre avenir à tous*, est un rapport publié par la Commission mondiale sur l'Environnement et le Développement. Présidé par la Norvégienne Gro Harlem Brundtland, il est l'acte de naissance le plus consensuel du Développement Durable.

[3] Hans J., *Le Principe responsabilité,* Collection Champs-Flammarion, 1998.

aujourd'hui sur la question du développement. Mais, cela est insuffisant pour changer le cours du développement.

C'est donc parce que le monde vit une situation de crise incommensurable provoquée par les progrès technoscientifiques, qui ont des effets irréversibles sur la nature, que va se construire une importante prise de conscience mondiale sur le devenir de l'humanité. Cette prise de conscience souhaite vivement une « transformation de l'essence de l'agir humain »[1]. Du moment où l'homme a la puissance matérielle de détruire l'humanité ou plutôt les conditions de vie d'une humanité future, il a en même temps de nouvelles obligations morales, dont celle de la responsabilité de chaque être humain envers l'avenir. Le développement durable, que consacre le Rapport *Brundtland* doublé des Sommets de la Terre de Rio (1992), de Johannesburg (2002) et de Copenhague (2009), s'impose comme une sinécure pour le monde d'aujourd'hui.

Seulement, il se trouve que la « gouvernance » mondiale sur tous les sujets, en particulier sur les *global commons,* a des conséquences institutionnelles sur la politique intérieure des États. Du moment que le développement durable est devenu une injonction mondiale, les dangers qu'entraînent les pratiques polluantes, la destruction des ressources naturelles, l'érosion de la biodiversité sont des objectifs du combat éthique mondial. Le Nord, comme le Sud, doit faire des concessions pour sauvegarder *our common future*. C'est pourquoi du moralisme technophobe qui culpabilise les Occidentaux sur leur puissance, pour les maintenir dans les soumissions symboliques du genre : « vous êtes coupables, alors changez de mode de vie ! », on va aboutir à un moralisme *coresponsabiliste*, qui tente de culpabiliser les pays du Sud par le fait de leur démographie dite galopante, et de leur désir de suivre les pistes du développement du Nord, par le transfert des technologies. Dans tout ce branlebas, il devient difficile de démêler le symbolique du pragmatique ; le symbolique soupçonné d'étouffer le pragmatique et l'institutionnel dans les aspirations légitimes des

---

[1] *Ibidem*.

peuples. Doit-on sacrifier le développement technologique de l'Afrique pour sauvegarder les générations futures ? Et si les préoccupations de l'avenir éclipsaient celles du présent, involontairement, par obsession futurologique ou volontairement par manipulation, dans le sens où les problèmes de notre avenir commun sont tellement graves qu'on n'a pas besoin de rajouter les « petits problèmes existentiels » présents et réels des pays pauvres. Le concept du développement durable pose finalement en philosophie un problème de la futurologie, de ruse de la raison et de justice environnementale.

2. Le développement durable, une nouvelle arnaque occidentale

Nous-nous sommes demandé avec Sylvie Brunel à l'introduction de ces propos si le développement durable n'était pas un cheval de Troie des pays du Nord pour dominer ceux du Sud, et remodeler leurs grandes zones d'influence. D'ailleurs, « le succès même de l'expression la rend suspecte. Trop d'unanimité trahit un accord de façade, une expression qui est plus un slogan qu'un cadre cohérent et efficace pour l'action publique. » [1]

Il faut remarquer que les définitions du développement durable, notamment celle du rapport Brundtland (1987) et celle de la Déclaration de Rio (1992) n'emploient pas le terme « nature », et ne parlent de l'environnement que comme d'un « besoin » : elles sont indiscutablement anthropocentriques, et n'insistent que sur la valeur instrumentale de la nature (le besoin des « ressources naturelles »), nullement sur sa valeur intrinsèque. Faut-il conclure, que la victoire du principe de développement durable s'accompagne d'un abandon des objectifs les plus radicaux de protection de la nature et que celle-ci est finalement sacrifiée à l'égoïsme humain, l'égoïsme occidental?

[1] Pierre Lascoumes, Les ambiguïtés des politiques de développement durable, in *Université de tous les savoirs*, Yves Michaud (dir), Volume 5, *Qu'est-ce que les technologies ?* Paris, éditions Odile Jacob, 2001, p. 561-570.

De plus, les bonnes intentions issues d'une écologie de la pensée du développement durable font l'objet d'une récupération idéologique dans le système de la consommation de masse et du profit qui est caractéristique de la société occidentale. Le monde des affaires déploie une rhétorique très habile pour nous persuader que le terme développement durable n'est rien d'autre qu'une reformulation de la « croissance ». Cette expression semble donc être un subterfuge, une ruse pour légitimer moralement une gestion avide des ressources de la Terre. On estampille à tour de bras des initiatives du label « développement durable », alors qu'en réalité on ne modifie pas d'un pouce la prédation de la nature. Au demeurant, le développement durable devient un bon concept publicitaire qu'on nomme greenwashing (lavage vert). Il sert à vendre, à promouvoir et à gagner des parts de marché. Il est devenu une vitrine idéologique.

Cependant, sachant que le niveau de vie des pays industrialisés n'est pas généralisable à l'ensemble de la planète. Cette menace sans cesse proférée, (ainsi que sa variante « imaginez si chaque Chinois possédait sa voiture »), n'a pu que plonger l'Occident dans la perplexité. Faut-il en déduire que l'Occident a conclu qu'il est urgent de mettre un frein brutal au décollage économique du Sud, confortant ainsi les théories de Thomas Malthus selon lesquelles « le droit d'être nourri ne peut appartenir à tous » ? De plus, le principe pollueur/payeur[1], qui, sûrement permet à l'Occident de

[1] Principe énoncé par l'article L 110-1 du Code de l'Environnement selon lequel les frais résultant des mesures de prévention, de réduction et de lutte contre la pollution doivent être pris en charge par le pollueur. Le principe pollueur-payeur a été adopté par l'OCDE en 1972, en tant que principe économique visant l'imputation des coûts associés à la lutte contre la pollution. Ce principe est un des principes essentiels qui fondent les politiques environnementales dans les pays développés. Il a été associé au code carbone qui donne un quota d'émission à chaque pays, l'excédent pouvant être revendu à un pays plus industrialisé, c'est-à-dire plus pollueur. L'Afrique, dans ce principe, peut sur le marché du carbone, financer son action «verte» en vendant au Nord son droit de polluer.

maintenir son niveau actuel de développement en accordant une pitance aux marginalisés de l'économie mondiale, est-il opérant et juste ? Il est donc clair que la belle rhétorique du développement durable est simplement une résurgence de l'esprit du capitalisme en œuvre dans l'inconscient de la rationalité de la croissance. Quelle voie emprunter pour sortir de cette soumission symbolique et donner un nouveau sens au développement soutenable qui soit calqué sur le modèle véritable du vivant, c'est-à-dire de la physus ?

III- Pour une action écocentrique

Après avoir décrypté la notion de développement durable, il nous reste à proposer une nouvelle manière de penser le développement. Celle-ci résistera-t-elle au choc des consciences acquises aux progrès technologiques, aux avantages d'un niveau de vie élevé ? Que peut-on apporter de nouveau dans ce domaine ? Une lecture éthique du fonctionnement de la nature peut-elle prétendre se substituer au développement à croissance ininterrompue ?

1. Le développement dans sa dimension cyclolinéaire

Nous avons montré que le concept de croissance, dans les sociétés dites modernes, était construit sur un temps linéaire, d'où cette rationalité prédatrice du surdévéloppement avec toutes les conséquences qu'elle a engendrées. Il est désormais urgent de construire une nouvelle systématisation historique qui intègre linéarisme et cyclisme dans un processus dialectique. Le raisonnement par récurrence permet de poser ce postulat : tout avance dialectiquement dans notre monde. Or, il existe dans ce mouvement dialectique deux conceptions du temps. L'une est celle du temps linéaire irréversible, et, l'autre, celle du temps cyclique à recommencement radical. D'emblée considérées comme contradictoires, elles ne le sont pas vraiment.

Le temps cyclique qui se présente comme une force contraire au temps linéaire[1], a pour but de « rappeler à l'ordre,

[1] J.J. Rousseau, *Discours sur l'origine et les fondements de l'inégalité parmi les hommes*, Gallimard, 1965, (préface).

la tentation libertaire »[1] du libéralisme dans sa croissance ininterrompue. D'ailleurs, dans *le mythe du bon sauvage*, Rousseau tente un retour au temps primitif dépouillé des ravages de la science. En effet, l'évolution effrénée des découvertes scientifiques a obscurci tout espoir de revivre la bonté de l'état de nature. À la différence des cosmogonies archaïques, Rousseau est conscient du temps concret historique et son attitude nostalgique qui veut conduire au bon sauvage, a une signification dans le devenir de l'humanité. Il ne s'agit donc pas dans son cas comme dans le nôtre, d'une répétition des archétypes, ou d'un cyclisme primaire du genre biocentrique[2] ; mais par le principe de ruse de la raison dialectique, le système cyclique doit concourir à recadrer le sens de l'histoire à travers des régressions et des progressions. C'est un effort optimiste dans la défense contre les crises de l'écoulement temporel.

Apparemment, le développement dans sa vision linéaire était construit sur le principe naturel de la *physus* aristotélicienne. C'est de ce modèle naturel que les économistes tiraient leur principe de croissance et de développement. Seulement, il y a lieu de noter qu'il y a continuité et rupture entre Aristote et les Modernes. Continuité dans la manière de considérer le « développement » comme « naturel » et nécessaire et rupture dans l'abandon de la notion de croissance infinie, ce qui évacue la notion de linéarité au profit d'une lecture cyclique de l'histoire universelle. Le champ de la science qui est coextensif à celui de la nature chez Aristote, reste bien différente de celui qu'on lui donne aujourd'hui. La nature dérivée du grec *phuein* signifie croître, se développer, mais reste dans la théorie des cycles ; ce qui naît, grandit et atteint sa maturité finit aussi par décliner et mourir, dans un perpétuel recommencement. Ainsi se trouvent résolus l'interrogation fondamentale du changement et l'incessant retour du même[3]. Cette continuité de rupture

---

[1] G. Eschbach, « *La traversée de la différence* », in http://www.meta-noia.org/META-NOIA/III/PLAN.HTM.

[2] Le biocentrisme confère à la vie comme telle une valeur moralement contraignante, mais refuse toute linéarité et se cabre sur le cyclisme primaire.

[3] Aristote, *Métaphysique, Livre V*, &4/1-8 (1014b, 1015a).

permet de corréler les deux dimensions du temps dans un temps cyclolinéaire.

2. L'écocentrisme développemental

La nécessité d'une nouvelle éthique qui soit moins anthropocentrée s'impose alors. Cette éthique de développement, c'est l'écocentrisme. Elle se démarque du biocentrisme par le fait qu'elle n'est pas embrigadée dans un cyclisme primordial, mais dans une vision cyclolinéaire. En effet, le biocentrisme veut mettre fin à *l'anthropocentrisme des valeurs*[1] et apporter des solutions durables aux problèmes écologiques.

L'écocentrisme, tout comme le biocentrisme, se construit sur le renversement de l'anthropocentrisme des valeurs. Il crée une théorie de la valeur intrinsèque des entités du monde naturel. C'est un programme qui vise l'intérêt de l'homme et de la nature et se construit sur l'échec des philosophies traditionnelles à fonder un devoir moral à l'égard des entités non humaines de la nature. Contrairement au biocentrisme, l'éthique écocentrique se présente comme une éthique conséquentialiste, c'est-à-dire une éthique dont le critère d'appréciation de ce qui doit être fait se mesure à ses conséquences par rapport au bien de l'ensemble. Aldo Leopold est le fondateur de ce courant philosophique qui a pour but d'élargir la communauté éthique à l'eau, aux plantes, aux animaux ou collectivement à la terre. Son principe fondamental s'énonce comme suit« L'anthropocentrisme des valeurs, c'est l'idée selon laquelle l'homme est la mesure de toute chose, les composantes non humaines de la nature ne pouvant se reconnaître de valeur qu'en relation aux intérêts des êtres humains et aux buts qu'ils s'assignent ». : « Une chose est juste lorsqu'elle tend à préserver l'intégrité, la stabilité et la beauté de

---

[1]*Cf.*, Afeissa H-S., *Éthique de l'environnement, nature, valeur, respect*, Vrin, Paris, 2007, p. 96. « L'anthropocentrisme des valeurs, c'est l'idée selon laquelle l'homme est la mesure de toute chose, les composantes non humaines de la nature ne pouvant se reconnaître de valeur qu'en relation aux intérêts des êtres humains et aux buts qu'ils s'assignent ».

la communauté biotique, et injuste lorsqu'elle tend à autre chose. »[1]

Dans le même sillage, le philosophe Holmes Rolston III et Baird Callicott, dans leur procédé écocentrique, vont dans leur lutte contre l'anthropocentrisme moderne, refuser d'exclure totalement l'homme du champ prééminent des valeurs, comme c'est le cas du biocentrisme. La nouvelle éthique écocentrique doit déconstruire la détermination métaphysique de la subjectivité cartésienne, afin de construire une théorie objective de la valeur intrinsèque des entités du monde naturel[2]. Cette vision ne relègue nullement l'homme au niveau des entités biotiques par un égalitarisme normatif. Ici, l'homme est désormais une valeur dans une éthique anthropo*génique* et non anthropo*centrée*[3]. Callicott théorise cette vision davantage par une analyse métaéthique. Par le truchement des preuves phénoménologiques et téléologiques, il justifie la valeur intrinsèque de la nature. Le cadre de cet article est restreint pour esquisser son déploiement. Cependant, ces analyses conditionnent l'adoption d'une attitude authentique du respect de la nature par la capacité de chaque agent à universaliser les normes de son action, comme dans le kantisme.

À cet effet, l'analyse métaéthique de Callicott permet de montrer qu'il y a des philosophies qui, tout en s'exprimant dans le cadre des exigences de la métaphysique moderne, affirment inconsciemment l'idée d'une valeur intrinsèque dans la nature.

---

[1] Leopold A., *Almanch d'un conté de sable,* trad. A. Gibson, Paris Aubier, 1995, p. 58.

[2] Afeissa H-S., *op. cit.,* p. 102.

[3] Holmes Rolston II, « la valeur dans la nature et la nature dans la valeur », in Afeissa, *op. cit.*, p. 158. La valeur anthropogénique fournit à l'homme qui valorise, des raisons de valoriser la nature de manière intrinsèque (cf. Callicot, « La valeur intrinsèque dans la nature, une analyse métaéthique », p. 203). Le qualificatif anthropogénique s'emploie pour expliquer que les résultats constatés sont dus à l'activité humaine. L'Homme est donc capable d'une considérabilité morale envers la communauté biotique, mais n'est plus le centre pour lequel cette communauté doit être instrumentalisée.

C'est le cas de Kant dans les *Fondements de la métaphysique des mœurs,* lorsqu'il écrit :

> « mais supposez qu'il y ait quelque chose dont l'existence en soi-même est une valeur absolue, quelque chose qui, comme fin en soi, pourrait être un principe de lois déterminées, (…) c'est-à-dire comme quelque chose qui ne peut pas être employé simplement comme moyen, quelque chose qui par suite limite d'autant toute faculté d'agir comme bon nous semble (et qui est un objet de respect). Ce ne sont donc pas là des fins simplement subjectives, dont l'existence, comme effet de notre action, a une valeur pour nous : ce sont des fins objectives, c'est-à-dire des choses dont l'existence est une fin soi-même »[1].

Ces fins objectives qui sont des fins en elles-mêmes, se trouvent dans le principe d'un impératif catégorique possible, c'est-à-dire d'une loi pratique qui peut consister au respect de la communauté biotique comme valeur intrinsèque dans les actions de développement. La transition de l'anthropocentrisme kantien ou plus exactement le ratiocentrisme, comme le préfère Callicott à l'écocentrisme, se fait par un processus systémique qui attribue une valeur à la nature et décentre le sujet cartésien. L'homme n'est donc plus la mesure de toute chose. Son développement doit se faire en rapport avec la communauté biotique.

Le développement dans cette version écocentrique se nourrit donc du linéarisme et du cyclisme. L'hypothèse cyclolinéaire devient une hypothèse de la convergence. Le conséquentialisme ici s'interroge sur les conditions de validité prescriptive des commandements moraux qui dissocient les intérêts que les agents peuvent avoir à accomplir leur devoir, et qui conditionnent l'adoption d'une attitude authentique de respect de la nature par la capacité de chaque agent à universaliser les normes de son action, en recherchant des conséquences jugées bonnes pour le bonheur du plus grand nombre. Le plus grand nombre intégrant ici toute la communauté biotique. Cette

---

[1] Kant E., *Fondements de la métaphysique des mœurs*, Trad. Victor Delbos à partir de l'édition de 1792, édition numérique des Classiques des sciences sociales, http://classiques.uqac.ca/ p. 39-40.

vision, implicitement construite, va suivre deux thématiques qui s'imposent à la méditation anthropologique et juridique. Il y a d'abord la dimension essentielle du progrès qui ne consiste plus désormais à dresser l'homme contre la nature, afin de la dominer ; le progrès se conquiert désormais dans l'interférence des oppositions[1]. Il y a ensuite, l'organisation cosmopolitique de la planète des hommes que le dessein de la nature paraît charrier à travers l'espèce humaine dans toutes ses différences. Cette construction éthique et historique qui lie l'écocentrisme au cyclolinéarisme va rendre possible ce que j'appelle une *action écocentrique* qui se concrétise en deux points : un développement écocentrique et une justice environnementale.

Le développement écocentrique ne suggère pas un retour en arrière dans une vie purement naturaliste, comme c'est le cas du biocentrisme, c'est-à-dire penser une décroissance totale. Il suffit d'envisager l'économie comme le service de la vie, dans un sens *qualitatif* et de cesser de le confondre avec le concept de croissance économique, qui mise sur l'accumulation objective. Cet essai d'interprétation du principe intégrateur de l'éthique économique basé sur un temps cyclolinéaire permet de penser un autre modèle de développement, pourvoyeur d'un véritable développement humain dans le respect de l'environnement. Cette construction peut s'apparenter à ce que Prades appelle l' «*esprit de l'écologisme*», différente de l'esprit du développement durable actuel, qui est la suite logique de « *l'esprit du capitalisme* » wébérien[2].

La justice environnementale va s'intéresser à la critique sociale des rapports de pouvoir entre les humains, étroitement liés aux problématiques environnementales. Face aux échecs du développement dans les pays de la périphérie, la justice environnementale axée sur les valeurs de solidarité, d'équité, et de dignité, va s'intéresser aux rapports de pouvoir et à l'injustice associée à la discrimination entre nations riches et nations pauvres. L'Occident est, en très grande partie, responsable de

---

[1] S. Goyard-Fabre, *La philosophie du droit de Kant*, *op. cit.*, p. 242.
[2] Weber, M., [1920], *L'éthique protestante et l'esprit du capitalisme*, Paris, Plon, 1964.

cette crise environnementale. Et la solution pollueur-payeur expose clairement cette question d'injustice environnementale qui, trouve des alternatives éthiques durables. L' « autre » n'étant pas un moyen, sa considérabilité morale dans la perspective écocentrique se trouve réconfortée.

Cette perspective, si on veut la nommer développement durable, va ainsi concilier les nécessités économiques du développement, les exigences de la justice sociale (l'équité) et le souci de l'environnement. Étendant la responsabilité aux « générations futures », c'est-à-dire bien au-delà des anticipations économiques habituelles, le développement durable prendra aussi en compte les tensions et les inégalités actuelles entre le Nord et le Sud. D'ailleurs et paradoxalement, même l'utilitariste occidental Stuart Mill, indique que la non croissance du capital n'est pas incompatible avec l'épanouissement de la liberté individuelle et n'implique pas la fin du progrès, le véritable développement ne sera possible que « quand, avec de bonnes institutions, l'humanité sera guidée par une judicieuse prévoyance, que les conquêtes faites sur les forces de la nature par l'intelligence et l'énergie des explorateurs scientifiques deviendront la propriété commune de l'espèce et un moyen d'améliorer et d'élever le sort de tous»[1], et, j'ajoute, dans le respect même de cette nature.

Conclusion

Il faut changer la manière dont se posent les questions du développement durable. Tout en gardant l'esprit de la question, il faut oublier son conditionnement conceptuel qui se confond et se transforme en objet de *marketing*. Contrôler notre maîtrise comme le suggère Olivier Godard[2], c'est non seulement changer le régime de la maîtrise dont l'occident s'en est fait le représentant assermenté, mais c'est passer à une éthique de

[1] John Stuart Mill (1848) *Principes d'économie politique*, trad. fse, Dalloz, 1953, p. 297.

[2] Olivier Godard, « Principe de précaution et responsabilité. Une révision des relations entre science, décision et société », in *Qu'est-ce qu'être responsable ?* Paris, Carré Seita, Sciences humaines, 1997, p. 112.

développement qui doit prendre en compte la communauté biotique comme digne de considérabilité morale. Il s'agit alors de quitter la perspective anthropocentrique pour épouser une perspective anthropogénique dans un fondement cyclolinaéaire. Cette éthique biocentrique peut dans l'anticipation, imposer des limites à l'action non conséquentialiste à la communauté biotique, par la contribution à une éthique de la responsabilité et de la précaution.

Bibliographie

Afeissa H-S., *Éthique de l'environnement, nature, valeur, respect*, Vrin, Paris, 2007.
Aristote, *Métaphysique*, *Livre V*, &4/1-8 (1014b, 1015a), Paris, Garnier-Flammarion, 2008.
Bacon F., *Du progrès et de la promotion des savoirs,* (1605*),* Gallimard, Paris, 1991.
Bacon F., *Novum Organon*, nlle. Trad. fr., Paris, Librairie de la Hachette et Cie., 1857.
Bourg Dominique, Rayssac Gilles-Laurent, *Le développement durable, maintenant ou jamais*, Paris, Gallimard (Découvertes), 2006.
Brundtland Gro Harlem, (sous la présidence), *Rapport Brundtland «Our common future »* [*Notre avenir à tous*], Commission mondiale sur l'Environnement et le Développement, 1987.
Calbraith J. K. *L'ère de l'opulence (The Affluent Society).* Trad. Andrée R. Picard. Paris, Calmann-Lévy, 1961.
Descartes R., *Discours de la méthode. Pour bien conduire sa raison, et chercher la vérité dans les sciences* (1637), (éd numérique) PhiloSophie, 2010.
Morin E. & Naïr E., *Une politique de civilisation*, Arléa, Paris, 1997.
Morin E., *Terre-patrie,* Le Seuil, 1993.
Erkman Suren, *Vers une écologie industrielle*, Paris, Charles-Mayer Léopold, 1998, 2e éd. 2004.
Eschbach G., « *La traversée de la différence »,* in http://www.meta-noia.org/META-NOIA/III/PLAN.HTM.
Fukuyama F., *La fin de l'histoire et le dernier homme*, trad., Denis-Armand Canal, Flammarion, 1992.
Godard Olivier, « Principe de précaution et responsabilité. Une révision des relations entre science, décision et société », in *Qu'est-ce qu'être responsable ?* Paris, Carré Seita, Sciences humaines, 1997.
Goyard-Fabre S., *La philosophie du droit de Kant*, Paris, Vrin, 1996.

Kant E., *Fondements de la métaphysique des mœurs*, trad. Victor Delbos à partir de l'édition de 1792, édition numérique des Classiques des sciences sociales, http://classiques.uqac.ca/.

Larrère Catherine, « Développement durable : Quelques points litigieux », in *Les ateliers de l'éthique,* (Actes du colloque international « le développement durable a-t-il un avenir » ?) Volume 1 n° 2, 2006.

Lascoumes Pierre, *Les ambiguïtés des politiques de développement durable*, in *Université de tous les savoirs*, Yves Michaud (dir), Volume 5, *Qu'est-ce que les technologies ?* Paris, éditions Odile Jacob, 2001.

Leopold A., *Almanch d'un conté de sable,* trad. A. Gibson, Paris Aubier, 1995.

Marcel G., *Les hommes contre l'humain*, Paris, La Colombe-Éditions du Vieux Colombier, 1951.

Marcuse Herbert, *L'homme unidimensionnel*, Paris, Éditions de Minuit, 1968.

Rapport Meadows « The limits to growth », *Massachussetts Institute of Technology*, 1972.

Rist Gilbert, *Le développement. Histoire d'une croyance occidentale*, Paris, Presses de Sciences Politiques, 2e éd. 2001.

Rostow W.W. (1960), *Les Étapes de la croissance économique* (1958), trad. fse, Paris, Seuil, 1963.

Rousseau J.J., *Discours sur l'origine et les fondements de l'inégalité parmi les hommes*, Gallimard, 1965.

Stuart Mill John (1848) *Principes d'économie politique*, trad. fse, Dalloz, 1953.

Vivien Franck-Dominique, « Jalons pour une histoire de la notion de développement durable » in *Mondes en Développement,* Vol.31-2003/1-n°121, p. 1-21.

Weber, M., *L'éthique protestante et l'esprit du capitalisme*, Paris, Plon, 1964.

Chapitre V. LA PHILOSOPHIE, AMOUR DE LA SCIENCE, SEUL FONDEMENT DU DÉVELOPPEMENT DURABLE POUR AMÉLIORER LA QUALITÉ DE VIE QUOTIDIENNE

par

Alice Salomé NGAH ATEBA[1]

Résumé

On ne peut pas rationnellement penser un projet de développement durable quantifié en termes de croissance, de richesses matérielles dans un monde riche, stable, fiable, sans se référer à l'éthique de la qualité de vie. Selon Abraham A. Moles, (1991 : 37) la qualité de vie « est une notion diffuse et mal définie...répandue dans les sociétés de consommation et dans les institutions (ONU, UNESCO, Conseil de l'Europe...) au moment où les hommes politiques se sont rendu compte qu'il était indécent de promettre aux hommes le bonheur...Le bonheur ne se recherche pas. Il se rencontre, comme le malheur, par hasard». C'est donc entre la croissance économique et l'augmentation du confort matériel, que la qualité de vie rentre comme corollaire de l'expression « développement durable ». Le contenu de tout développement couvre toute l'étendue du concept de vie en général tant en quantité qu'en qualité. Comment, par rapport à la portion qui nous intéresse particulièrement dans cette réflexion : « la qualité de vie », doit-elle être comprise comme signe-indicateur du développement durable tant du point de vue épistémologique qu'éthique ? Au plan épistémologique, la qualité de vie quotidienne n'est-elle pas plus appréciable que par rapport au progrès des connaissances, de puissance ou encore des savoirs de pouvoir ? Au plan éthique, « la qualité de vie », dans une société technologique et conquérante, comme concept global attaché au milieu qui entoure l'individu, ne devrait-elle pas

---

[1] *Chargé de cours au Département de philosophie de l'Université de Yaoundé 1.*

aussi plus se juger relativement au progrès moral des bonnes habitudes justifiées par la surveillance et le contrôle de la raison dans ses fonctions de formatrice de l'esprit humain et son travail d'exhortation de tous les hommes à la civilisation industrielle ou à la culture universelle ?

Abstract

One cannot rationally think a project of lasting development quantified in material increasement in a rich, stable, trust word, without referring to "life standard" which, according to Abraham A. Moles, "is a diffused and wrongly defined notion...expanded in the societies of consumption and in the institutes (ONU, UNESCO, Euro Counsel...) when politics people came to realize that it was inappropriate to promise happiness to people...The food is not research. It is met haply as the bad". Between the economical thriving and the increasement of material confort, the content of the extend of the concept of life in general as food in quantity as in quality. How does the portion concerning us particular in this thinking and which is "life standard" can then be understood as directing-sign of durable development as in regards to epistemological and ethical point of view? Epistemologically considered, is the daily standard of life appreciable just according to the increasement of efficient knowledges or else "knowledges of power"? Ethically considered, "the life standard, in a technical and conquering society, (as) global concept attached to the environment of the individual, should it not be judged more respectively to the moral progress of food habits justified by the control and surveying of reason in its duty of calling every man to the industrial civilization or to the universal culture?

Introduction

Partant de la préférence des avantages matériels et des rigueurs de la science dont parle Jacques Bouveresse (1984 : 221), nous nous demandons quelles sont les chances que se donnent les Africains afin que la science et la philosophie, du moins celles qui nous sont enseignées ou que nous enseignons, aident l'Afrique à accéder au développement durable. Toute la question est de savoir comment améliorer la qualité de vie quotidienne face à l'incertitude de la connaissance et de l'action. Répondre à ces deux questions nous conditionne à exprimer nos idées sur la nécessité de l'éducation à la science dans le contexte de notre pensée de la perfection d'éthique appliquée à toute société malsaine ou malade qui veut se rendre saine. Nous tentons d'ouvrir ici un chantier épistémologique des sentiers de la civilisation industrielle ou de la culture universelle que l'Afrique, mal développée et sous développée, doit s'investir à acquérir. Car l'entreprise de développement est encore chez nous éphémère. Le développement de l'Afrique ne peut être durable que s'il est un autre nom de la civilisation industrielle, comme le dit Towa (2000:8).

Qu'est-ce qui lie le « développement » à la civilisation industrielle ?

Lorsque Towa nous parle de développement, (2000 :28), c'est pour demander aux populations africaines de changer de civilisation et de franchir le fossé culturel qui sépare les civilisations agro-pastorales traditionnelles et les civilisations industrielles modernes. Autrement dit, le développement ne se limite pas à un seuil économique de taux de croissance où on calcule seulement le produit intérieur brut, le revenu annuel par habitant, etc. Si le développement est avant tout une affaire de ressources financières, cette définition seule n'a aucun sens. C'est pourquoi, le terme développement mérite une définition plus ouverte qui le rend durable, c'est-à dire constant. L'état du développé doit être permanent, stable, solide et viable. La durabilité dans l'efficacité et l'effectivité du travail très poussé de la raison est encore une œuvre d'insouciance en Afrique où le développement temporaire, provisoire, passager, transitoire et habile fait encore dire à Towa (op cit : 12), « qu'un pays est développé s'il maîtrise la civilisation industrielle définie dans ses trois dimensions, scientifique, technologique et managériale. »

Quel est l'apport de la technoscience dans le progrès des peuples ?

Les dimensions qui semblent le plus encore et toujours manquer à l'Afrique pour son décollage, sont les dimensions scientifiques et technologiques. Placées au centre de notre réflexion, la science et ses technologies ne sont pas des conditions, mais des consommations de développement dont toute la question reste de savoir comment fonder les relations qui lient philosophie et développement durable. Quelle méthode ou mode de travail adopter et adapter en Afrique pour que les nouvelles pratiques philosophiques trouvent en des révolutions scientifiques et des applications technologiques des pistes d'amélioration de la qualité de vie et d'augmentation de sa durée. En ces temps où les créations accélérées de la technoscience envahissent complètement tous les domaines, la chance des philosophes africains pour appuyer le développement en Afrique, ne consiste-t-elle pas à s'intéresser à la tâche de la science ? Commencée depuis des millénaires pour poursuivre des adaptations de plus en plus précises de notre esprit à la réalité, la science n'est –elle pas en vérité la culture universelle qui nous permet de construire une représentation de plus en plus adéquate du monde qui nous entoure et auquel nous appartenons, aux fins de le comprendre d'abord, puis de passer de la compréhension à la prévision, et ensuite à l'action ?

I - Le recours de la philosophie à la pratique: une pédagogie d'éducation pour la culture des sciences

A la question de savoir quel rôle la philosophie peut-elle jouer dans la formation des citoyens d'aujourd'hui, bon nombre de personnes répondraient en lui attribuant seulement la tâche de susciter une capacité permanente d'interrogation et d'évaluation critique face aux savoirs et aux dynamiques intersubjectives gouvernant les sociétés contemporaines (2007 : 113). Cette réponse réduit la philosophie à un engagement seulement culturel et politique, en diminuant sa puissance formatrice et éducatrice. La réflexion philosophique ne consiste pas seulement à critiquer les opinons prévalentes.

Face aux défis émergents du développement durable qui, doit s'accompagner d'une fondamentale orientation épistémologique d'amélioration du niveau de vie, « philosopher » ne relève pas uniquement de l'érudition historique ou d'une culture passéiste. Dans la fonction de *gardienne de la rationalité* que lui reconnaît l'UNESCO, la philosophie doit nous apprendre à apprécier les sens multiples de l'agir humain. Malheureusement, la rationalité philosophique qui doit avoir une portée pratique pédagogique ne vise pas toujours en toute action l'universalité de la raison comme seule possibilité de développement humain qui ne se limite pas seulement à la croissance économique. Pour cela, la philosophie doit choisir de sortir de son « splendide isolement », qui la coupe parfois des réalités du monde, pour s'ouvrir aux problèmes que vivent les hommes et les femmes et contribuer à y apporter des réponses (op cit: 114). D'où l'idée d'une philosophie, fille de son temps axée sur la nécessité d'une recherche – action des voies royales vers un développement durable, authentique endogène et auto – entretenue, fondée sur des technologies maîtrisées (1984 : préface).

1. Les perspectives de développement durable passent par la pratique théorique de la science

En plus des trois dimensions citées par Esoh Elame à l'actif de l'émergence du concept de développement durable, nous ajoutons la dimension pratique de la technoscience aux côtés de la solidarité sociale, de l'efficacité économique et de la responsabilité écologique. Si l'humanité doit désormais collaborer, non pour simplement survivre, mais pour améliorer une vie fondée sur des valeurs universelles, c'est avec le concours des sciences. La priorité de la réflexion philosophique dans la recherche des savants, va plus que dans l'enseignement des sages. Pour changer de civilisation, la philosophie doit passer à une pratique pédagogique dont l'approche didactique appliquée sert de guide et d'ouverture vers les autres disciplines ou professions sans que cela nuise à sa spécificité. Si le travail du philosophe africain ne vise pas des rationalisations subjectives qui veulent trouver un modèle de développement identitaire pour l'Afrique fondé sur une rationalité culturelle relative, nous estimons que la bonne voie est d'assurer son accès à la culture universelle régie par la même raison. Avec une pratique philosophique d'ouverture rationnelle à la civilisation scientifique, l'élargissement de la notion de développement impliqué dans l'expression « développement humain » devient un impératif cognitif. Dans ce sens, le terme « développement » ne risque plus « d'aboutir à sa dilution dans un champ sémantique sans limites et, de ce fait, à son inutilité. » Dilution et inutilité que redoutait Towa (2000 : 8) et que Hountondji s'est proposé de résoudre en affirmant que : (1980 : 124) « ce n'est pas de la philosophie, c'est d'abord de la science que l'Afrique a besoin. »

Nous analyserons sous fond d'appréciation du rapport de la science et de la philosophie, la meilleure stratégie *du développement durable* qui repose au Cameroun sur l'effort productif et créateur du peuple. Notre réflexion sur « la philosophie de développement africain, amour des sciences, » s'investira dans la valorisation et l'utilisation des ressources humaines par les moyens : d'éducation aux technologies nouvelles, de formation à la civilisation industrielle et de promotion des connaissances scientifiques. Comme Towa, Paulin Hountondji liait déjà aussi la pratique théorique de la philosophie à la science et à la technique ou la techno science. Pour lui,

> « si la philosophie peut aussi la servir, c'est seulement dans la mesure où elle pourra contribuer à libérer, sur ce continent, une véritable tradition théorique, une tradition scientifique ouverte, maîtresse de ses problèmes et de ses thèmes, dans la mesure aussi où elle pourra, une fois cette tradition instaurée, contribuer d'une manière ou d'une autre à son enrichissement. » (1980 : 124).

Avec l'idée d'Hountondji de l'avènement d'une philosophie africaine articulée sur la science, nous sommes en mesure de croire que la prophétie de Bachelard (1984: 6), de « la nouvelle philosophie des sciences dite encore philosophie scientifique » est sur le point de s'accomplir. Nous ne pouvons alors plus contester que tôt ou tard, ce soit la pensée scientifique qui devienne le thème fondamental de la polémique philosophique.

La philosophie ne peut plus actuellement s'entêter à demeurer cette discipline métaphysique « ayant pour objet la recherche de la vérité au-delà de toute expérience, » en se réduisant à une vile spéculation. Nous estimons que toute philosophie étant fille de son temps, le philosophe des sciences contemporaines doit entreprendre la tâche exaltante de fonder une philosophie nouvelle qui serait à la hauteur de l'évolution scientifique moderne. Elle remplacerait la philosophie traditionnelle en substituant à l'interrogation de l'être un questionnement du connaître sur le savoir de la science. La mutation épistémologique de la réflexion philosophique vers la pensée scientifique, socle du développement, est affirmée par Bachelard (*op cit*) en ces termes :

> « il ne faut pas partir d'une attitude philosophique générale pour juger la pensée scientifique...Cette pensée conduira à substituer aux métaphysiques intuitives et immédiates les métaphysiques discursives objectivement rectifiées. »

C'est en recourant à l'approche méthodique de recherche-action, que nous rattachons au sein d'une philosophie de pensée scientifique, « la qualité de vie quotidienne» à toute conception de développement (humain, local, durable). Ainsi, nous commencerons par donner un contenu épistémologique à chacune de ces expressions en rapport avec l'environnement viable de la civilisation industrielle et de la culture universelle.

2. Le matériel définitionnel des expressions de « recherche-action » et de « philosophie scientifique » : conditions d'émergence du développement durable

La philosophie, par rapport aux sciences, doit se mettre à l'épreuve de la pratique, non au sens où elle deviendrait une recherche exclusive de l'objectivité pratique, mais un exercice de la raison aux fins de connaître leurs conditions d'intelligibilité, d'inventivité, d'efficacité et d'opérationnalité. Le philosophe épris de culture scientifique ou de civilisation industrielle doit être curieux de savoir dans quelle direction vont les scientifiques. Son raisonnement ne doit pas uniquement juger la science en moraliste relativement au débat éthique qui est plus approprié au discours de contrôle du bon usage de ses productions ou de la surveillance de leurs meilleures applications. Philosopher sur la pensée scientifique ne consiste pas seulement à dénoncer ses abus, ses excès, les mauvais emplois de ses résultats, les inconvénients et les conséquences négatives de certaines de ses pratiques et méthodes. Le philosophe est aussi bien un ami de la sagesse qu'un amoureux de la science qui n'exclut pas la sagesse. Il devrait seulement d'abord et avant tout, dans son action de penser la science, (re)chercher à la connaître et à la comprendre à travers ses caractéristiques, ses activités, ses révolutions, etc. Dans la nécessité d'élargir le concept de philosophie de manière à l'associer à l'appui au développement, il faut le rendre coextensif à la méthode de recherche-action.

- **La voie de la recherche-action**

La voie qui nous fera sortir de notre situation dramatique de sous-développement, reste encore chercher. Towa (1989 : 5), par rapport au développement du continent africain nous rappelle encore que : le chemin est à trouver ou même à tracer. Telle est aussi notre certitude que, comme lui, nous voulons communiquer à d'autres. Avec Parménide, dit Towa (op cit : 6), « la voie n'est pas révélée par la divinité, elle est le résultat d'une recherche » laborieuse et obstinée. Pour que le philosophe participe au développement en Afrique, il ne suffit pas seulement de se détourner, résolument, de l'ethnophilosophie, mais aussi de la pseudo - ethno - science. Le guide du philosophe c'est la méthode qui le mène vers le développement. Cette voie est la recherche-action qui soumet le philosophe aux exigences de la science bien faite.

La recherche-action est indiquée et définie ici comme une autre manière de chercher les sujets à connaître ou de transformer les objets de connaissance si et seulement si, comme nous l'affirmions (2007), « l'absolu qui a toujours été recherché par la philosophie classique, ne se situe plus sur le plan de la connaissance abstraite, mais sur le plan de la philosophie concrète. » Grâce à son originalité, elle nous sort des concepts passifs et théoriques du monde de nos ancêtres pour nous installer dans une dynamique unité de la pensée /

théorie et de la l'action/pratique. En appliquant cette unité dans la conquête du développement durable, la pensée et l'action ou la théorie et la pratique en philosophie, de la même manière qu'en science, ne doivent pas toujours conduire à séparer les valeurs éthiques des valeurs technoscientifiques. Pour introduire la valeur *action* dans la recherche philosophique, nous tenons de Mesnier et Missotte *(2003 :.100)* une tentative de définition de la recherche-action empruntée à Dubost. Pour Dubost,

> « la recherche –action est un processus de recherche, s'appuyant d'une part, sur des ressources humaines disponibles qui peuvent être à la fois sujet et objet de la recherche et d'autre part, sur des méthodes visant, outre la production de connaissance, la mobilisation de ces ressources humaines au service de leur implication dans une démocratie participative. En ce sens, la recherche action concourt au changement social ».

Dans ce sens, l'action n'est plus seulement la synthèse du vouloir ou de l'être, mais aussi du connaître. Elle prend le triple sens :
- d'action pratique qui engendre la connaissance du sens commun ;
- d'action discursive qui règle la science comme forme de culture privilégiée ;
- d'action profonde qui doit servir de critère d'évaluation du savoir en philosophie.

L'action du philosophe des sciences vise la connaissance du vrai qui le sort autant de l'empire des croyances magiques et des superstitions que du premier et deuxième modes de travail dits de première génération. Le premier ou « la civilisation lithique » et le deuxième ou *la civilisation agro-pastorale* ne sont pas encore passés en Afrique selon Towa (2000:9), où « avec la culture des plantes utiles et la domestication de certains animaux… l'aube de la civilisation industrielle » ou du développement semble encore lointaine.

- **La philosophie scientifique: une stratégie de lutte contre la faiblesse de l'activité cognitive**

La philosophie n'est pas nécessairement et uniquement politique, comme l'affirme Ondoua (1989 : 12). Elle est par ailleurs pratique et scientifique. Ainsi, la philosophie est une science humaine de par son origine, son objet, sa méthode, sa valeur et ses limites. C'est en philosophe que Towa évalue le mode du travail agro-pastoral qui est encore à présent celui des Africains engagés dans la lutte contre le sous-développement ou pour le développement. Le manque d'aspiration à la pratique philosophique maintient l'Afrique dans le règne des savoirs qui ne procurent pas de pouvoirs ou encore des connaissances qui ne donnent pas des puissances efficaces d'agir. Autant, nous pouvons parler d'un réalisme immédiat avec Bachelard (1984 : 6) tant qu'il n'a pas encore rencontré le doute scientifique, pour corriger ses expériences premières et ses actions pratiques du sens commun, autant, avec Towa (op cit : 10), nous convenons que :

> « à vrai dire, le travail agro pastoral se fondait lui aussi sur un savoir réel important...Mais, il s'agit d'un savoir résultant de l'observation du comportement global de l'animal, de la plante et des autres phénomènes. La science moderne au contraire cherche à connaître la composition des animaux, des plantes et de la matière jusqu'à leurs éléments ultimes si possible, à voir ensuite comment ces composants se combinent, se structurent et fonctionnent pour donner les corps naturels...l'ambition de la science moderne est plus grande, son champ est également plus vaste aussi bien en étendue qu'en profondeur ».

L'intervention de la philosophie scientifique en faveur du développement ou du progrès de l'esprit humain vient ici à propos chez Bachelard (op cit : 11) En ce sens que la nouvelle science doit créer sa propre philosophie et le philosophe des sciences doit infléchir « son langage pour traduire la pensée contemporaine dans sa souplesse... » Dans le même sillage, Towa exploite la richesse de la science moderne à laquelle l'Afrique n'a pas encore accès. Vers les voies du développement durable, il recommande à tout Africain, la pensée ou la philosophie scientifique qui s'interprète selon Bachelard (idem),

> « à la fois dans le langage réaliste et dans le langage rationaliste...cette base dualistique de toute philosophie scientifique : par le fait même que la philosophie de la science est une philosophie qui s'applique, elle ne peut garder la pureté et

l'unité d'une philosophie spéculative...Cette activité ne peut pleinement convaincre qu'en quittant le domaine de base : si elle expérimente, il faut raisonner ; si elle raisonne, il faut expérimenter. »

Pour rompre d'avec la philosophie du passé et ses éléments métaphysiques négatifs d'usage spéculatif, la philosophie de développement qui doit désormais s'investir à éduquer les Africains à la culture scientifique peut, seule, introduire une révolution radicale dans la condition actuelle de sous-développement de l'Afrique.

II - La technoscience: socle de la rationalité du développement durable

En reconnaissant avec Ayissi, le caractère impropre de la critique de la technoscience par Ondoua, la rationalité ne peut être marginale, ni la raison diabolisée, par rapport à l'universel et à l'industriel dont l'Afrique doit s'inspirer pour trouver une solution durable au problème de son développement durable. Cette solution au problème du sous-développement des Africains n'est pas magique. Le secret de la domination de l'Occident que Towa nous recommande de voler (1971 :39), ne consiste pas en « une recette communicable par révélation ou par initiation. » On ne peut ni connaître à fond la civilisation occidentale, ni identifier la raison de sa puissance, si la philosophie ne dialogue avec la science. La philoscience doit suppléer la technoscience qui est selon Ondoua (2010, 15), « l'acte et le processus d'auto-création et d'auto-engendrement de l'homme dans et par le processus de création des conditions d'une maîtrise toujours plus totale de la nature. » Les éléments de développement que la philo-science doit introduire dans notre propre culture sont : les figures de la raison et les formes de la rationalité à nous faire approprier son usage optimum et efficacement actif et non passif.

Portée sur un discours de la civilisation industrielle et de la culture universelle, la technoscience est la mesure rationnelle de tout développement matériel ou spirituel. Forme de culture la plus privilégiée, la science est caractérisée par ses exigences de la rationalité. Ainsi pensée comme une entreprise de connaissances qui donnent la puissance ou des savoirs qui procurent le pouvoir d'agir efficacement, la science procède par des méthodes dont la démarche consiste en la démonstration et en la justification objectives. L'objectivité fait d'elle le domaine de la preuve, d'un savoir certain fondé en raison. Dès lors, il est confirmé que la philosophie scientifique cherche dans les sciences la figure de la raison, la forme de la rationalité.

1. L'exigence d'une éducation à la culture universelle des sciences

L'activité scientifique, qui s'est efforcée depuis le XVIIe siècle à dégager des connaissances pour satisfaire des besoins pratiques, a détourné la pensée scientifique de toute spéculation. La philosophie scientifique peut se comprendre comme une éducation à la culture scientifique dans ses diverses approches : logique, historique, philosophique, sociologique, psychologique, politique, économique. La dynamique de l'esprit scientifique serait ce qui manque le plus pour garantir le décollage du développement durable et rentrer dans les vraies voies de la civilisation industrielle. Sans bonnes connaissances scientifiques, plus poussées qui donnent de la puissance, il ne peut y avoir de croissance fiable et assurée de richesse. L'éducation à la science est la condition sine qua non d'accès à la culture universelle, non de simple survie, mais d'accomplissement de l'humain. La philosophie qui énonce la raison doit aider à penser la science dans sa diversité et à user des procédés de la connaissance scientifique. Dès lors, elle permet davantage de :

- chercher dans la science ce qui établit la vérité et garantit le développement durable;
-corriger l'opinion première des superstitions qui empêchent l'évolution vers la civilisation industrielle;
- proposer des normes de qualité d'évaluation de la science bien faite pouvant engendrer le progrès des connaissances objectives et positives pour tous ;
-fournir le modèle d'une démarche fondée, prouvée, rectifiable.

Si l'éducation est définie comme l'action de former un enfant et de le diriger vers l'état adulte, l'éducation à la science recouvre dans son double aspect intellectuel et psychologique ou moral, un processus au développement en termes de perfectionnement intellectuel relatif soit à :

- une connaissance théorique ;
- une habilité pratique ;
- une technique méthodique;
- un ensemble de disciplines ou matières.

Pour Towa, la question de la rationalité se pose contre les savoirs non scientifiques et entre les savoirs scientifiques et le développement. L'étude philosophique des sciences nous révèle, non le monde platonicien de la sagesse abstraite des idées intelligibles, mais les conceptions admirables et les visions surprenantes que les scientifiques ont des faits du monde concret. Towa (2000 : 10) : « fait une plus grande place à la théorie et ses connaissances… mieux contrôlées, et plus systématiquement coordonnées entre elles. Ce qui en facilite l'enseignement. Le fait qu'elle s'enseigne publiquement accroît le nombre des « travailleurs de la preuve ».

Dans la différence à établir entre le savoir scientifique véritable et la croyance qui voue le grand nombre des Africains à la crédulité, Towa (op cit : 11) les exhorte à l'engagement rationaliste, pouvant leur permettre de maîtriser les méthodes et les critères favorisant l'avènement de la civilisation industrielle. Il estime qu'un pays est « sous développé dans le cas contraire : pas de science, pas de technologie, pas de management, pas de recherche ou si peu, mépris et marginalisation des savants, des techniciens et des intellectuelles en général » (op cit : 12).

Pour transcender toutes ces limitations du développement, « aggravées par les faibles dimensions de la plupart des sociétés agro-pastorales, » c'est en revanche au savoir ou à la connaissance scientifique qu'il faut recourir comme fondement du développement durable.

2. Les connaissances scientifiques : fondement du développement durable

La manière de connaître, renvoyant à la conscience, à l'intelligence, à la compréhension, à la représentation ou à la découverte des choses nouvelles, le fait de connaître va au-delà des impressions, des intuitions, des sensations et des sentiments. Le problème de la connaissance qui doit être une garantie du développement se situe au cœur de la philosophie pratique. Pourtant, elle a toujours été opposée à l'action dans le monde. Avec la connaissance qui satisfait la curiosité de l'homme, son fondement est admis comme le principe sur lequel repose en fait et en droit un ordre de phénomènes ou un système d'assertions. Lié aux caractères industriels ou universels des savoirs, le terme fondement est compris comme ce qui rend toutes les connaissances technologiques et scientifiques légitimes du point de vue logique. Ainsi, la techno science qui se nourrit principalement des connaissances scientifiques, leur consacre une attention privilégiée. Du point de vue de la méthode, elles s'avèrent les seules connaissances qui sachent résister à l'épreuve de la vérification et/ou de la réfutation, tout en fournissant des données relativement sûres de la réalité extérieure (développement matériel) ou intérieure (développement spirituel). En nous inspirant du dictionnaire de la philosophie de Didier Julia que nous pouvons paraphraser, pour établir que le problème philosophique par rapport au fondement du développement durable a trois volets:

- **Le premier volet de la production des connaissances scientifiques**

Il est relatif à l'origine des connaissances humaines où il est question de savoir si les connaissances procèdent de l'expérience (empirisme) ou de la raison (rationalisme). Il faut distinguer :

- les rationalisations particulières qui sont produites par nos croyances subjectives ;
- et la rationalité universelle qui est le caractère par lequel la raison légifère sur les principes généraux d'objectivité qui, permettent à toute croyance personnelle de se transformer en

une connaissance impersonnelle et est érigée en culture universelle pour fonder le développement humain ou le progrès de la science.

- **Le deuxième volet de la gestion des connaissances acquises**

Il porte sur la nature des connaissances. Ici, il est question de distinguer diverses formes de savoirs, notamment les connaissances qui relèvent de l'esprit de finesse (sciences humaines, molles) et les connaissances qui relèvent de l'esprit de géométrie (sciences naturelles dures). En tant que degré de connaissance le plus élevé de la pensée, la science apparaît comme un savoir parfait, sûr, profond, clair, certain, vrai dont la puissance constitue le secret du pouvoir de la domination de l'Occident. La vraie science, celle dont l'Afrique recherche encore les sentiers est un ensemble de connaissances ou de recherches qui ont un degré suffisant d'unité, de généralité, d'efficacité et d'objectivité, susceptible d'amener les hommes qui s'y consacrent à des conclusions concordantes ne résultant pas des opinions arbitraires. Tout le problème du développement est de savoir comment utiliser et gérer en bien les connaissances apprises et acquises.

- **Le troisième volet de la consommation des connaissances produites**

L'impact des sciences dans tous les secteurs d'activités humaines, nous aide à comprendre l'univers actuel dans lequel nous vivons, pour ne pas y paraître comme des étrangers. Il s'agit de savoir que nous pouvons parvenir au développement durable par la connaissance de la nature intime de la matière en tant que savoir dernier et approfondi de tout l'univers ; celui qui nous rend maîtres et possesseurs du monde physique et mental.

Il résulte de ces trois volets que la connaissance scientifique nous permet de découvrir le monde, tandis que sa puissance conduit à une organisation du monde qui assure à l'action l'efficacité nécessaire à l'homme pour devenir selon le vœu de Descartes maître et possesseur de la nature. Il y a lieu de penser comme Jean Miquel, qu'aujourd'hui la philosophie pratique de l'avenir, entreprise des nouveaux philosophes praticiens des sciences, doit tenir compte avant tout de l'énormité des moyens que les hommes peuvent et pourront techniquement mettre en œuvre du fait de la science, fondement du développement durable.

III – L'amélioration de la qualité de la vie quotidienne: une fin de perfection de la raison

Dans sa globalité, la vie ne fait pas que l'objet d'une connaissance scientifique dans le sens du besoin de connaître le vivant et ses caractéristiques. Si on prend en considération, les conséquences négatives des révolutions industrielles et des progrès technologiques et scientifiques, la vie sera menacée de destruction et de disparition. Cette menace multiforme suscite certaines inquiétudes relativement à la protection de la vie dans notre société actuelle qui est si conditionnée par la technoscience.

Loin de l'illusion scientiste qui laisse parfois penser que les sciences et les technologies peuvent résoudre tous les problèmes de l'homme ou encore qu'elles peuvent répondre à toutes les questions qu'il se pose, personne ne peut nier que le progrès scientifique nous donne un certain bonheur par ses bienfaits. Ainsi, parler de l'amélioration de l'espérance de vie ne peut nous faire oublier ou négliger certaines conséquences néfastes et désastreuses du progrès scientifique dont les plus spectaculaires, de toute l'histoire des hommes, restent de nature militaire. Il s'agit des gaz de combat utilisés à Hiroshima et à Nagasaki, de la dégradation de l'environnement du fait de l'industrialisation sauvage, de l'effet de serre, de la catastrophe nucléaire de Tchernobyl, etc. Plutôt que de désacraliser la science elle-même et les immenses capacités des possibilités de l'esprit humain pour améliorer la qualité de la vie, c'est l'usage qu'en font les hommes ou qu'en fait un certain type de société malsaine. En nous appuyant sur Rosmorduc et l'Echat (op cit: 333), qui pensent que la science est « la représentation que la société se fait des propriétés et des lois de l'univers, » nous établissons que le problème de la connaissance se trouve aussi au centre du problème de la vie à améliorer et à augmenter à travers différents axes de développement.

1. La critique de la techno-phobie face à l'exigence du mode de travail industriel

Le terme de technoscience est introduit dans les cercles philosophiques du Cameroun sous un angle négativement critique et polémique, qu'il faut corriger, en le reprenant positivement dans une optique différente. Pour aller du côté de la raison besogneuse où l'on pense le plus, nous devons suivre les pas des philosophes, amis de la technique et amoureux des sciences. Pour cela, nous consentons avec Towa que :

> « la technoscience constitue le ressort interne de toute la civilisation industrielle et qu'à ce titre, elle a institué un nouveau mode de travail dans l'histoire de notre espèce. L'humanité a émergé de l'animalité avec la fabrication et l'utilisation des armes et des outils de pierres de plus en plus habilement taillés...la civilisation industrielle constitue le troisième mode de travail, après le lithique et l'agro-pastoral ». (op cit : 8-9 ; 10)

Dans la perspective de la pensée épistémologique de Towa, fortement influencée par la théorie de *l'engagement rationaliste* ou de *la raison besogneuse* de Gaston Bachelard, le développement durable est le résultat du nouveau mode de travail qui repose essentiellement sur la science et la technique de seconde génération, dite du nouvel esprit scientifique, qu'il distingue de celles de la première génération dite de l'ancien esprit scientifique. Pour Towa:

> « avec la science et la technologie, nous accédons à la spécificité européenne, à ce que le penseur européen considère à la fois comme le privilège et le fardeau de l'Europe, le secret de sa puissance et de sa domination. Historiquement, la philosophie fut la matrice de l'univers scientifico-technique. Plus d'une fois, elle s'est dressée contre cet univers, mais tout compte fait, elle en demeure l'âme ». (Towa, 1971 : 7)

Contrairement à la philosophie, amour de la science concrète des métaphysiques positives, la philosophie, amour de la sagesse abstraite, des métaphysiques négatives d'usage spéculatif, maintient les « sages » dans une sorte d'illettrisme scientifique qui alimente le divorce entre la science et la raison, la philosophie et l'expérience, tout comme la haine ou l'aversion des philosophes contre la science et ses applications qui font naître une génération des « technophobes » afro-pessimistes.

S'il ne s'agit pas de réduire la philosophie à la science, nous sommes bien là dans le champ d'intervention de l'épistémologie du développement où nos efforts consistent à examiner les conditions de production, de gestion et de consommation des sciences. Ce qui revient aussi à faire une étude critique de la techno phobie qui ne se dévoile pas seulement comme un obstacle épistémologique devant les enjeux et les défis du développement pour l'Afrique. Elle fonde une idéologie pessimo-marxisante qui veut bien transformer le monde, mais en l'interprétant à contre-courant de la philoscience, dans un esprit de confusion entre les productions des savants et leurs utilisations, notamment les plus mauvaises, à travers les méfaits et les inconvénients venant parfois des manipulations des experts ou des usages non scientifiques.

2. – Quelques axes de développement durable suite aux applications des produits de la technoscience

Dans la logique d'une initiation à l'étude de la philosophie pratique des sciences, selon les contours de l'épistémologie, il est bénéfique pour tous, de s'informer sur les exigences de l'esprit scientifique. Ce faisant, chacun pourra s'efforcer d'acquérir, par l'éducation à la culture universelle des sciences, les aptitudes et les qualités nécessaires, toute science bien faite. Ce sont les axes du sous-développement issus des sentiers des sciences africaines mal faites, qui isolent intellectuellement notre continent par rapport à l'ensemble de l'évolution humaine, notamment de la sphère de la technoscience. Le retard scientifique des Africains se justifie par le ratage des normes rationnelles et des valeurs intellectuelles en tant qu'idéal qui doit être et auquel tous doivent obéissance, respect et observation en termes de scientificité.

La définition des solutions à un certain nombre de problèmes matériels est donnée par les sciences et les technologies. Leur culture qui n'est pas alors ignorée par les Africains, ne leur est pas encore appropriée. Pour cela, la technoscience reste l'une des composantes majeures du développement et de l'amélioration de la qualité de la vie. Bien qu'il existe toujours des échecs et des erreurs scientifiques dans les applications des produits de la technoscience, il est tout aussi possible d'affirmer que dans presque tous les domaines d'activités, des avancées significatives de progrès de la pensée scientifique sont incontestables et indubitables. Rosmorduc et l'Echat (1993 : 334), énumèrent quelques champs où se sont améliorées, développées, révolutionnées et évoluées les activités et les actions relatives aux productions scientifiques. Il s'agit, entre autres:

- Des nouveaux matériaux

Des céramiques, des matériaux composites, mais aussi les métaux, utilisés différemment ;

- De la maîtrise du vivant ;

Du génie génétique et microbiologique, des biotechnologies ;

- De l'augmentation de la vitesse et de la capacité des ordinateurs ;

Mais aussi des perspectives nouvelles de leur utilisation ;

- De la communication ;

Des formes de stockage, de transmission et d'exploitation de l'information ;

- De la gestion des ressources ;

De la nourriture, des minéraux divers, de l'énergie...

- **La philosophie alerte du développement**

Destinée par Bachelard (1962:19), à suivre les modifications profondes de la connaissance scientifique, la philosophie alerte du développement durable vise le renouvellement des intelligences au détriment des possibilités de connaissances *a priori*. Dans le sillage des interactions entre la philosophie et les matières scientifiques, une motivation de renouvellement des intelligences dans la réflexion doit être créée. Comme le reconnaît Ondoua, si la science a donc, de manière fort évidente, prouvé ses vertus...Elle a permis le triomphe de la rationalité opératoire. Mais cette science, issue de la puissance humaine de création, d'invention, s'est trouvée nécessairement articulée avec la technique (nécessité historique) qui en est la matérialisation (2010 :15). De nature transdisciplinaire, la nouvelle philosophie pratique en science, acquiert une portée universelle, non au sens du passage du sage au savant. Car, le philosophe qui ne doit pas se convertir en scientifique, doit perfectionner sa culture en science. La sagesse du philosophe doit commencer avec la science. Bachelard, Towa, Hountondji, et bien d'autres nous aident à comprendre aujourd'hui qu'en matière de recherche d'appui au développement, d'augmentation de la quantité de vie ou d'amélioration de sa qualité, la philosophie et la science doivent dialoguer. Quand la philosophie dialogue avec la science, il n'y a pas qu'Hervé Barreau (2004 : 6) pour penser à une réforme de la philosophie dont la tâche doit désormais être appréhendée dans son rôle épistémologique.

- **L'émergence d'une Afrique des sociétés saines**

Même s'il faut désormais dire que tout philosophe doit bien connaître les sciences, avant d'essayer d'en tirer les enseignements étendus à divers domaines, la technoscience ne peut à elle seule assurer aux hommes le bonheur durable tant recherché par tous. Pour perfectionner les esprits à la culture de l'universel ou à la civilisation de l'industriel, la nouvelle pratique de philoscience est la priorité d'un investissement immatériel aux côtés des investissements matériels. La participation au développement durable n'est plus une participation de l'œil spectateur ou une participation de la main exécutante, mais une participation de l'intelligence laborieuse des méthodes rationnelles qui produit des savoirs de pouvoir et des connaissances de puissance fondés sur les valeurs universelles du vrai, du bien du beau. Nul doute que l'Afrique mal développée reste le continent des imperfections des savoirs sans pouvoir et des connaissances impuissantes issus des méthodes irrationnelles non toujours inspirées des valeurs universelles fondées en raison. Tous les pouvoirs, en Afrique, ne viennent pas toujours de la raison et ne s'inspirent point souvent d'elle. Pour sortir du sous-développement, des sociétés africaines pensent pouvoir recourir à d'autres formes de culture.

Conclusion

Le temps du développement durable doit être marqué en Afrique par la rupture épistémologique avec les savoirs sans pouvoir efficace d'action. Les connaissances sans puissance d'action inspirées par une mentalité de simple survie, alimentent les cultures d'illettrisme scientifique et de superstition. Les espoirs de développement durable reposent sur le renouvellement des intelligences pour améliorer la qualité de vie quotidienne des Africains. Au regret du siècle d'or de l'épanouissement des philosophes-savants de Galilée, Descartes, Pascal, Leibniz, dont parle Morin, la philoscience est à jamais le relais de la technoscience. Après la disjonction entre la philosophie et la science, le temps de l'émergence tient à leur conjonction pour passer à l'union de la matière et de l'esprit. S'il n'y a plus de fossé comme jadis entre la science concrète et la philosophie abstraite, fossé que Morin caractérise de mutilation ou encore de pathologie du savoir, la pratique philosophique serait libérée de la prison des abstractions d'où Bachelard s'est évertué à la soustraire, en lui affectant un caractère scientifique. La philosophie de l'émergence du concept de développement durable, devient amour des sciences, rompt d'avec la culture de la raison du repos. Opposée à la raison besogneuse du travail, la raison tranquille et paresseuse se complaît dans un univers des valeurs de simple survie, dignes de la mentalité magico–religieuse et superstitieuse que Towa a passé toute sa vie à combattre en faveur d'une culture universelle des valeurs d'accomplissement de l'humain. Dès lors, philosopher en interdisciplinarité, pour appuyer le développement durable ne peut plus se concevoir hors d'une intelligence de la science qui ouvre des nouvelles pistes de dialogue de philoscience. Seule de la vision épistémologique du dialogue science-philosophie, naît l'espoir sûr d'un développement durable. Il ne s'agit plus de passer de l'animalité à l'humanité des êtres imparfaits. La culture du passage de la médiocrité à l'excellence qui évolue dans le mal ou le bien relève d'un passé révolu. Le discours des *travailleurs des preuves* vise le passage de l'excellence à la perfection de la qualité de la vie qui progresse toujours vers le meilleur du monde par les œuvres humaines parfaites. La science de la perfection est un travail des grands programmes de recherche qui doivent tout aussi concerner le philosophe. Si la perfection doit être de ce monde, l'humanité doit aspirer à la divinité, non par la conversion stérile d'une foi de prière, mais par la perfection féconde d'une raison du travail. En dehors de leur tendance à la formation morale et civique, les connaissances d'arguments en philosophie doivent intégrer des connaissances, des renseignements en science.

ELEMENTS BIBLIOGRAPHIQUES

AYISSI, Lucien, « Les enjeux de la rationalité dans la philosophie de Marcien Towa, », 1999, (inédit).

BACHELARD, Gaston, *Le nouvel esprit scientifique* (16è Edition), PUF, Paris, 1984.

BACHELARD, Gaston, *L'activité rationaliste,* PUF, Paris, 1962.

BARREAU, Hervé, *Séparer et rassembler : quand la philosophie dialogue avec les sciences*, Dianoïa, Chennevières-sur-Marne, 2004.

BOUVERESSE, Jacques, *Rationalité et cynisme*, Editions de MINUIT, Paris, 1984.

HOUNTONDJI, Paulin, *Sur la philosophie africaine*, Edition CLE, Yaoundé, 1980.

MOLES, Abraham A., « Existe – t- il une qualité de la vie quotidienne ? », Chap. science, techniques et société, in «Etat des sciences, vie quotidienne» de Nicolas Minkowski, La Découverte, fondation pour le progrès de l'homme, Paris, 1991.

MONO NDJANA, Hubert, *Histoire de la philosophie africaine, problématiques africaines*, l'Harmattan, Paris, 2009.

MORIN, Edgar, *La méthode 3. La connaissance de la connaissance*, Seuil, Paris, 1986.

NDEBI BIYA, Robert, *Sans perdre de vue : culture et techno-science, intégration africaine, philosophie égyptienne africaine*, l'Harmattan, Cameroun, 2005.

NGAH ATEBA, Alice, Salomé, (2007), « la prison des abstractions : une antithèse de l'utilité de la philosophie », in *Revue de sociologie, Université de Yaoundé I,* 2007.

NGAH ATEBA, Alice, Salomé, « *Philosophie et sciences : multi dimensionnalité et inséparabilité »,* communication colloque interuniversitaire du 02 au 04/06/Université de Yaoundé I, (inédit), 2004.

ONDOUA, Pius, *Développement technologique, Présence Africaine*, l'Harmattan, Paris, 2010.

PAPINI, Roberto et BUONOMO, Vincenzo, *Ethique et développement : l'apport des communautés chrétiennes en Afrique*, CLE, Yaoundé, 1995.

POPPER, Karl, *La logique de la découverte scientifique*, Trad. Nicole.., Payot, Paris, 1978.
ROSMORDUC, Jean et (l') ELCHAT, Dominique, *25 mots clés de la culture scientifique*, Marabout, Belgique, 1993.
TOWA Marcien, « Pour une histoire de la pensée africaine », in *Revue du club de philosophie Nkwamé Nkrumah: ZEÉN*, N° 1, 1989.
TOWA Marcien, *Essai sur la problématique philosophique dans l'Afrique actuelle*, Edition CLE, Yaoundé, 1971.
TOWA Marcien, *Valeurs culturelles et développement,* AMA, Yaoundé, 2000.

Chapitre VI. TECHNOSCIENCE ET PHILOSOPHIE : LA QUESTION DU DEVELOPPEMENT DE L'AFRIQUE CHEZ MARCIEN TOWA

par

Thomas MINKOULOU, Ph.D[2]

Introduction

L'idée d'une philosophie négro-africaine (1979) est un texte revu et augmenté dont la réflexion initiale a été préparée et proposée au Festival de Lagos au Nigeria, en 1979, pour être présentée sous forme de conférence publique. Le texte initial était intitulé « La problématique d'une philosophie négro-africaine ». Pour éviter toute confusion avec un autre texte déjà paru chez le même éditeur : *Essai sur la problématique philosophique dans l'Afrique actuelle (1971)*, l'auteur changea le premier titre pour celui présent. Au demeurant et au-delà des étiquettes, la préoccupation de l'auteur - qui est d'ailleurs restée constante- était de mettre en exergue la dynamique réflexive de ce que lui-même appelle : « l'éveil de l'Afrique moderne et du monde noir à la conscience philosophique ». Cet éveil est perceptible à travers le « débat conceptuel » sur des problèmes auxquels les Africains et l'Afrique font face. Un tel débat ne peut prendre source et forme que dans le cadre du déploiement de l'activité philosophique. C'est ainsi que, pour débattre des « problèmes essentiels » de l'Afrique noire moderne, Towa va structurer *L'idée d'une philosophie négro-africaine* autour de trois questionnements fondamentaux :

Qu'est-ce que la philosophie ? qu'entend-on par philosophie ? Comment les différentes philosophies s'articulent-elles à l'intérieur de la philosophie ? Quels problèmes pose l'élaboration d'une philosophie négro-africaine moderne par rapport à nos aspirations et à nos besoins actuels ?

---

[2] *Assistant au Département de Philosophie, Université de Yaoundé I, E-mail : thomasminkoulou@yahoo.fr*

Notre propos consistera alors à mettre en lumière le déploiement philosophique de la pensée de Towa sur les aspirations et les besoins des Négro-africains en rapport avec la philosophie et la pratique technoscientifique. Pour ce faire, nous examinerons d'abord la posture de l'auteur sur l'idée qu'il se fait de la philosophie en général et sur celle négro-africaine en particulier. Ensuite, nous soulignerons, à la suite du philosophe camerounais, la situation actuelle de l'Afrique. Enfin, nous essayerons d'apprécier ce qui peut être considéré comme étant ses perspectives dans l'optique de proposer des solutions aux problèmes de l'Afrique noire contemporaine.

I-Philosophie et philosophie negro-africaine : l'école de Towa

A la question de savoir ce qu'est la philosophie, Towa répond sans ambages que la philosophie est un « débat conceptuel de nos problèmes essentiels »[3]. Elle est, dit-il, le mode d'expression d'une communauté. Tout débat n'étant pas philosophique, Towa va se faire le devoir « de circonscrire le domaine de la philosophie en général »[4], afin de mettre au clair ce dont il va parler. C'est ainsi que, pour lui, la philosophie est avant tout l'expression d'une pensée de l'absolu.

1- La philosophie comme pensée de l'absolu

Pour Towa, le débat sur l'existence ou non de la philosophie est un faux débat, car de toute évidence, elle existe. «La philosophie existe »[5], martèle-t-il. Elle est présente dans les livres dits « philosophiques »[6]. Comme telle, elle seule a : « le courage de penser l'absolu »[7]. Elle est aussi et surtout une activité exclusivement humaine. En effet, selon l'auteur, «l'homme pense, et, de tous les êtres connus, il est le seul qui

---

[3] M. TOWA, *L'idée d'une philosophie négro-africaine*, CLE, Yaoundé, 1979, p.5.

[4] *Idem.*

[5] *Ibid.*, p.7.

[6] *Idem.*

[7] *Idem.*

pense »[8]. Dès lors que l'on se pose la question de savoir ce qu'est penser, Towa soutient la thèse selon laquelle penser, c'est « peser [...], discuter les représentations, les croyances, les opinions »[9]. Mais, faut-il le rappeler pour le souligner que la pensée ne se déploie pas pour elle-même, encore moins de façon gratuite. La pensée est au service d'une fin. Elle ambitionne de réaliser un vœu et entend résoudre un problème, celui de « conforter », ou non, nos croyances et nos opinions afin «d'examiner le pour et le contre de chacune, de les trier, de les critiquer pour ne retenir comme vraies que celles qui résistent à cette épreuve de la critique et du tri »[10]. Il s'agit là, dit l'auteur, d'une définition restrictive de la pensée. Car, pense-t-il, *a contrario*, « les représentations, les convictions, les opinions» ne sont pas des pensées dans la mesure où elles n'ont pas « subi l'épreuve de la critique »[11]. La difficulté que l'on a à assimiler les représentations, les opinions et les convictions à la pensée, c'est qu'elles ne sont pas capables de résister à la critique. C'est pour cette raison qu'elles restent de simples croyances.

De ce qui précède, la pensée se trouve être, de l'avis de Towa, une activité qui est à la portée de tout homme, à condition qu'il soit «adulte» et «sain». Ce sont donc ces connaissances qui installent l'être humain dans une capacité de soutenir une discussion sur les représentations, les opinions relatives aux «activités pratiques, théoriques ou esthétiques de la vie quotidienne »[12].

Le philosophe camerounais souligne, pour faire remarquer, que certains domaines de la vie humaine, à l'instar de la religion et du pouvoir politique, n'acceptent pas de se soumettre à la discussion, à la critique, c'est-à-dire à la pensée. Chaque société, en effet, fait l'objet d'une organisation spécifique avec des objets et des valeurs spécifiques. Cette spécificité est

[8] *Idem.*
[9] *Idem.*
[10] *Idem.*
[11] *Idem.*
[12] *Idem.*

l'expression d'une « conception du monde admise par la société »[1]. Ces « valeurs et normes suprêmes » qui constituent, d'après Towa, le socle idéal des sociétés, sont contenues dans des récits « d'événements primordiaux, cosmiques et épiques »[2] épiques »[2] et ont, en leurs sein, des héros, qui peuvent être des dieux, ou des « êtres dotés de facultés et de pouvoirs supérieurs à ceux des hommes normaux »[3]. Ces valeurs reposent, en un mot, sur des mythes et des récits sacrés avec des héros qui sont des êtres surnaturels. Pour l'illustrer, l'auteur de *L'idée d'une philosophie négro-africaine* reprend le récit l'Enumaelish qui est le récit du grand mythe akkadieu de la création.

L'activité philosophique, quant à elle, procède autrement. Elle développe la pensée pour, selon le mot de Towa : « être en mesure de discerner le bien et le mal et assumer la direction de sa vie »[4]. « C'est pourquoi, poursuit-il, il y a entre elle et le mythe une opposition profonde »[5]. L'opposition entre le mythe mythe et la philosophie est aussi l'objet des premiers dialogues de Platon. D'ailleurs, Towa revient sur cette opposition pour illustrer son propos au sujet, notamment, de la piété.

En un mot, ce qui, d'après l'auteur, «caractérise donc essentiellement l'esprit mythique c'est son inaptitude ou son renoncement à penser, à réfléchir d'une manière personnelle et autonome [...] pour « discerner le bien et le mal », pour trouver ce qu'il doit admettre comme vrai ou comme norme de comportement »[6]. Dans le mythe, par contre, le bien et le mal sont définis par le héros. Pourtant, Towa pense qu'attendre des solutions à nos problèmes des héros, « c'est fuir le nécessaire effort de réflexion, de pensée personnelle par la discussion et la recherche méthodique »[7]. Ainsi, poursuit-il, « l'opposition entre entre le mythe et l'idée revient à l'opposition entre l'opinion

---

[1] *Ibid.*, p.8.
[2] *Idem.*
[3] *Idem.*
[4] *Ibid., p.9.*
[5] *Idem.*
[6] *Ibid.*, p.10.
[7] *Ibid.*, p.11.

reçue de confiance et la pensée active »[1]. C'est fort de tout cela que Towa peut alors affirmer que « le mythe est une initiation à la divagation émerveillée de l'esprit à travers le temps et l'espace. La philosophie refuse le vagabondage en pays imaginaires et, aux croyances du dévot, elle oppose le doute, l'incrédulité »[2].

En fin de compte, Towa fait du mythe une espèce de tyrannie, c'est-à-dire l'« ennemie de la liberté et donc aussi de la pensée »[3] qui, quant à elles, sont des caractéristiques exclusives de la philosophie. Ainsi comprise, la philosophie devient, aux yeux de Towa, l'expression du refus du principe d'autorité et l'acceptation de l'exigence de rationalité. Comme telle, « elle repose sur la même base que la science »[4]. Il y a, dès lors, une nette différence entre la philosophie et le dogmatisme religieux. Cependant, entre philosophie et science, il y a une distinction à faire. En effet, contrairement à la philosophie, la science se caractérise par une étroite spécialisation, la non obligation de l'observance des normes éthiques imposée par la neutralité éthique et idéologique ainsi que l'exigence d'une vérification plus rigoureuse. Selon Towa : « le savant, pour dominer suffisamment son objet, se spécialise étroitement. Par là même, il se prive de la possibilité de dire, en tant que savant, la direction que la société doit prendre, et les normes qu'elle doit adopter à cet effet »[5]. De ce point de vue, l'on retient que l'homme de science ne s'occupe pas, comme le philosophe, des questions d'ordre général, de normalité et d'axiomatique, bref, des questions, comme nous l'avons vu plus haut, relatives à l'absolu. En effet, son souci est d'étudier un phénomène spécifique isolé des généralités. En le faisant, c'est-à-dire en se privant des questions d'éthique et d'absolu du fait de sa spécialisation, le savant laisse la question du bien et du mal, c'est-à-dire la question du discernement. Le savant laisse donc la question du discernement aux politiciens et à l'Eglise qui

---

[1] *Idem.*
[2] *Idem.*
[3] *Idem.*
[4] *Idem.*
[5] *Ibid.*, p.12.

vont construire des lois et des directives qui ne reposent que «sur la fantaisie du mythe et les passions aveugles »[1]. Le philosophe, au contraire, ne se donne pas de limites ni de bornes. Il entend prendre part dans tous les débats qui concernent la condition humaine. Sur cet antagonisme de préoccupations entre le philosophe et le savant, Towa affirme que : « tandis que le politicien compte essentiellement sur la force et la contrainte pour plier les hommes à sa volonté, tandis que les Églises, par le recours aux mythes, visent à émouvoir la sensibilité et à enflammer l'imagination, le philosophe vise ce qu'il y a de plus élevé en l'homme : la pensée »[2].

Il ne s'agit pas pour Towa de faire du philosophe un Pic de la Mirandole encore moins un Pantagruel, c'est-à-dire un savant universel, dépositaire de tous les savoirs, mais la capacité est donnée à ce dernier de pouvoir, voire, de devoir développer une perception d'ensemble de la réalité. Car, dit-il, en interrogeant les principales sciences quant à leurs objectifs, leurs méthodes et les résultats auxquels elles parviennent, le philosophe se donne déjà les moyens d'avoir une vision d'ensemble sur les questions relatives à l'absolu et dans lesquelles le destin de l'humanité est engagé. Nous semble-t-il, c'est ce qu'il y a lieu de comprendre dans cette attitude de Towa qui affirme que : «la connaissance du réel acquise de cette manière, associée à une grande rigueur intellectuelle, permet à la philosophie d'intervenir avec autorité dans la recherche du sens suprême à donner à nos efforts et des normes essentielles de comportement »[3].

Deux préoccupations guident alors l'activité philosophique : connaître la réalité et définir les normes de conduite. Cette attitude est perceptible dans l'analyse du mot « sagesse » qui se dégage de l'étymologie grecque du mot « philosophie ». La sagesse est, non seulement, un ensemble de connaissances, mais davantage, un art de vivre. Il y a même une espèce de corrélation entre ces deux entités, car seul celui qui connaît peut

---

[1] *Idem.*
[2] *Idem.*
[3] *Idem.*

mieux se conduire au sens où Descartes affirmait déjà qu'il ne s'agit pas seulement de connaître pour savoir et connaître, il s'agit de connaître pour bien se conduire dans la vie. L'action humaine consiste en la recherche de la satisfaction de ses besoins. C'est cette posture que récupère Towa lorsqu'il affirme que : «la démarche philosophique se caractérise [...] par la liaison intime entre le souci de connaître rationnellement, méthodiquement, la réalité aussi-bien physique que socioculturelle et la volonté de prendre appui sur ce savoir pour définir l'orientation profonde, absolue que doit adopter le comportement humain »[1].

Seulement, l'adoption d'un comportement par un être humain ne se fait pas *ex-nihilo*. Elle est le fruit des intérêts qui changent selon les situations historiques dans lesquelles l'homme se trouve. En effet, pense Towa : «plus les hommes sont actifs et plus ils transforment le milieu et se transforment eux-mêmes dans leurs besoins et leurs aspirations »[2]. Par ces mots, l'homme s'avère être un animal intéressé. Et l'intérêt se trouve être une situation existentielle historiquement déterminée. Comme tel, il peut changer selon le temps, le lieu, bref, selon les circonstances historiques. C'est pourquoi Towa nous fait observer que même la lutte des classes est une lutte des intérêts. À partir de cet instant, chaque position intéressée va, pour ainsi dire, faire l'objet d'une position philosophique de laquelle elle émane et dont elle dépend au point où les différentes philosophies vont être l'expression des différentes perceptions de la réalité. Il y aura autant de philosophies que de visions du monde, que de positions intéressées, que d'intérêts et d'aspirations.

Cependant, au-delà de cette diversité de postures philosophiques issues de la diversité d'intérêts et d'aspirations, toute philosophie doit, du point de vue de l'auteur, « résulter d'un débat sur l'absolu, sur la réalité, les valeurs et les normes suprêmes »[3]. Cela signifie qu'au-delà de l'existence de

---

[1] *Ibid.*, p.13.
[2] *Idem.*
[3] *Idem.*

plusieurs philosophies et de plusieurs philosophes, l'exigence épistémologique est constante : la discussion sur l'absolu, sur la réalité ainsi que sur les valeurs et les normes suprêmes ne dérogent pas à la loi. La philosophie, fût-elle, la philosophie négro-africaine ne saurait se soustraire à cette double exigence.

2- **La thèse towaenne de l'existence d'une philosophie négro-africaine**

Towa va très rapidement formuler la thèse de l'existence d'une philosophie négro-africaine sur l'argument précédent. Pour lui, s'il peut exister plusieurs philosophies, celle africaine peut également exister de façon particulière, voire singulière. Seulement, cela ne va pas de soi, car le problème est de savoir si l'on peut particulariser une entité qui ambitionne de cerner l'absolu. En d'autres termes, de quel absolu particulier s'occupera la philosophie négro-africaine ? Existe-t-elle déjà ?

Pour répondre à cette question, Towa suggère de répondre en premier à la question : Qu'est-ce que la philosophie ? Il en est de même de la question relative à l' « *evu* ». En effet, dit-il, se demander si l'« *evu* » existe suppose que l'on sache ce que c'est que l'*evu*. Comme quoi, parler de quelque chose, c'est d'abord savoir ce qu'elle est. Dans le même ordre d'idées, dit le Camerounais, parler de l'endogamie ou du totémisme, c'est savoir ce que l'ethnologue appelle endogamie ou totémisme. Pour cela, il est nécessaire de se retourner vers ceux qui ont étudié ces questions à défaut de les étudier soi-même. C'est pourquoi, parlant de la philosophie, le préalable serait, de l'avis de Towa, que l'on se pose la question de savoir ce qu'est la philosophie. « Question redoutable, dit-il, que beaucoup évitent de poser, mais qui ne saurait être éludée, ou alors le problème de l'existence d'une philosophie africaine ne peut avoir aucun sens »[1].

Towa estime, dès lors que, pour dire ce qu'est la philosophie, il faut se référer aux « ouvrages dits philosophiques et interroger ces ouvrages et la discipline qui

[1] *Ibid.,* p.16.

porte le nom de philosophie »[1]. Ce qui frappe l'auteur de *L'idée d'une philiosophie négro-africaine*, c'est que ces ouvrages sont européens et c'est aussi dans les universités européennes que cette discipline est enseignée depuis des siècles. Mentionner cet état de choses ne signifie pas que l'on affirme que la philosophie est européenne. « Pour saisir réellement, dit l'auteur, le contenu du mot « philosophie » et surtout pour être en mesure de juger ce contenu, il faut devenir peu ou prou philosophe soi-même »[2]. Car, se poser la question qu'est-ce que la philosophie invite à philosopher soi-même. La question reste cependant la suivante : pourquoi emprunter la voie du mot européen de philosophie ? Pourquoi pas le mot africain ou alors pourquoi ne pas partir des textes africains ?

De l'avis du philosophe camerounais, le choix européen se justifie par le fait que ce sont les Européens qui ont posé le problème de la non-existence d'une philosophie africaine. L'Européen est donc, selon ce dernier, le père du syllogisme du racisme qui est le suivant :

« L'homme est un être essentiellement pensant, raisonnable.
Or, le Nègre est incapable de pensée et de raisonnement.
Il n'a pas de philosophie, il a une mentalité prélogique, etc. »[3].

Cela revient à dire que le Nègre n'est pas vraiment un homme. Il peut même être assimilé à un animal. L'on ne saurait, cependant, perdre de vue que la philosophie est la manifestation la plus haute et la plus éclatante de la raison humaine.

La pédagogie de Towa suggère alors d'éviter de se dérober à la définition européenne du mot « philosophie » pour contrarier les thèses racistes européennes. Malheureusement, constate-t-il, certains Africains, pour construire une thèse opposée à la thèse raciste européenne, ont cru devoir changer la signification du mot européen de philosophie. Or, il ne s'agit pas de ramener la philosophie à un mythe, comme ont voulu le faire certains

[1] *Idem.*
[2] *Idem.,* souligné par l'auteur.
[3] *Ibid.,* p.17.

Africains. Car le faire, c'est rendre le syllogisme vrai, alors qu'il ne l'est pas. Il y a cependant, de l'avis de l'auteur, deux manières de réfuter le raisonnement raciste et impérialiste : «soit en élargissant le sens du mot philosophie » pour le ramener à celui du mythe, dans ce cas, il faut modifier également la majeur du syllogisme et proposer une nouvelle définition de l'homme, élaborer une nouvelle anthropologie philosophique ; soit en conservant au mot philosophie son contenu rationnel, et, en montrant que les Africains ont produit de telles philosophies ou du moins qu'ils peuvent en produire »[1]. Le choix de l'une ou de l'autre option n'est pas une affaire subjective, de goût. Il s'agit tout simplement de s'opposer aux thèses racistes. Comme le souligne Towa, « le sort de la philosophie est lié à celui de la liberté »[2]. Et la raison elle-même est la caractéristique essentielle et exclusive de l'homme et tous les peuples en sont dotés.

Eu égard à ce qui précède, la question qui s'impose est celle de savoir si toutes les cultures connaissent un développement de la pensée philosophique. À cette question, l'auteur de *L'idée d'une philosophie négro-africaine* répond par la négative. En effet, pour ce dernier, « un grand nombre de sociétés ne tolèrent aucune discussion sur les croyances, les valeurs et les normes suprêmes »[3]. Cependant, si toutes les cultures n'ont pas de philosophie, toutes en sont capables, reconnaît Towa. Pour ce dernier, en effet, « il n'y a peut-être pas de sociétés étrangères à la pensée philosophique. Celles où ne se manifeste pas la réflexion philosophique semblent plus antiphilosophiques que vraiment a-philosophiques »[4]. Il en veut pour exemple la culture des Hébreux qui est, de son point de vue, une bonne illustration de culture antiphilosophique dans la mesure où elle exprime l'hostilité à la pensée philosophique. D'ailleurs, dans la *Bible*, le péché des péchés, c'est, pour Eve, d'avoir mangé le fruit défendu, c'est-à-dire d'avoir osé penser les valeurs et les normes par le discernement personnel ; alors que le bien et le

---

[1] *Ibid.*, p.18.
[2] *Idem.*
[3] *Ibid.*, p.19.
[4] *Idem.*

mal sont définis par Dieu de façon indiscutable. Dans cette culture, la philosophie est plutôt un péché car elle installe une rivalité entre l'homme et Dieu. C'est tout cela qui fait dire à Towa que : « aussi longtemps et pour autant que ceux qui tiennent la discussion sur le bien et le mal pour le mal en soi dominent dans une société, la philosophie qui est justement débat sur les valeurs et les normes suprêmes, ne peut trouver un terrain propice à son développement »[1].

C'est pourquoi, à la question de savoir s'il existe une philosophie négro-africaine, Towa répond par l'affirmative, car celle-ci, dit-il, est présente dans la pensée de l'Égypte pharaonique à laquelle on peut trouver trois caractéristiques.

La première caractéristique se révèle être le souci d'unité résultant d'une intégration, par synthèse, de toutes les valeurs. L'Égyptien antique connaît, certes, plusieurs dieux, mais Un Seul est suprême. Les dieux égyptiens ne sont que les différentes manifestations, les différents aspects d'un seul et même Dieu. Ils sont comme les membres d'un seul corps, les parties d'un tout. Ici, quand on meurt, par exemple, on ne comparaît pas devant un Dieu solitaire, mais devant un collège de quarante-deux Dieux d'égales valeurs : « la prééminence du Dieu suprême sur les autres est institutionnelle, elle ne repose pas sur une supériorité d'essence »[2].

La seconde est celle de « l'affirmation de l'identité entre l'homme et Dieu »[3]. Le débat philosophique, c'est-à-dire la pensée de l'Absolu naît de cette affirmation. Un tel débat, dit Towa, n'est « qu'une possibilité de l'homme lui-même »[4].

La troisième caractéristique de la pensée philosophique de l'Égypte pharaonique est : « la rationalité de la norme suprême de comportement »[5]. Ici, la conduite est régie par une valeur normative centrale appelée la *Maat* : « cette notion, dit Towa,

---

[1] *Ibid., pp.23-24.*
[2] *Ibid., p.25.*
[3] *Ibid., p.27.*
[4] *Ibid., p.28.*
[5] *Idem.*

dense et complexe désigne l'ordre cosmique, social et intérieur. Sur le plan physique, la *Maat* est exactitude, mesure correcte ; sur le plan éthique, elle est vérité, justice et ordre »[1]. Comme telle, la *Maat* désigne en un mot : «un ordre bon en soi mais sans cesse menacé par son contraire, le désordre, la démesure, la violence »[2]. Dès lors, la *Maat* s'impose comme un devoir et chacun, dans la société, a des devoirs. La *Maat* est aussi une valeur fondamentale. Cependant, il est à noter que la *Maat* n'est pas une révélation divine, c'est le produit d'une réflexion personnelle du sage fondée sur l'expérience des ancêtres.

Au total, on le voit bien, ce qui, dans la *Bible* et le *Coran*, constitue un péché, à savoir : « la science de la séparation du bien et du mal »[3], est pour l'Égyptien antique un devoir élémentaire. En même temps, le sage égyptien est contre le dogmatisme et l'assurance orgueilleuse. Il y a, constate Towa, dans la sagesse égyptienne un « mélange d'audace et de modestie »[4] qui a amené Pythagore à substituer le mot philosophie par celui de sagesse.

Les Égyptiens eux-mêmes pensaient déjà que même les dieux cherchaient la vérité par la réflexion, par la concertation et c'est en cela qu'ils étaient proches des humains. La recherche de la vérité ne se fait donc pas sans effort. Le Dieu égyptien a donc besoin de chercher et de composer. C'est ainsi que pour chercher la vérité, les Dieux égyptiens « procèdent à une enquête minutieuse, ils raisonnent et, argumentent, rusent même, jusqu'à ce que l'unanimité soit obtenue en faveur de Maat »[5]. Le « maître universel », c'est-à-dire le Dieu soleil « ne dicte pas sa volonté, il dirige seulement les délibérations du collège des Dieux »[6]. En Égypte, ce qui fait la divinité, ce n'est pas l'omniscience ou la toute-puissance, « mais avant tout le

[1] *Ibid.*, p.29.
[2] *Idem.*
[3] *Ibid.*, p.30.
[4] *Idem.*
[5] *Ibid.*, p.31.
[6] *Idem.*

respect de la *Maat*, c'est-à-dire la vérité et la justice »[1]. D'où le rapprochement entre l'homme et Dieu.

On voit bien que l'attitude de l'Égyptien pharaonique est une attitude philosophique. Ce dernier ne se contente pas d'une dévotion adhésive à l'absolu, mais en fait un objet de pensée. C'est ce qui fait dire à Towa qu' « en ce qui concerne l'Égypte ancienne, les textes disponibles permettent d'affirmer l'existence d'une authentique philosophie qui fleurit sur les abords du Nil plusieurs millénaires avant Thalès, le premier pré-socratique »[2].

Au-delà de l'Égypte ancienne, Towa note aussi la présence de la philosophie dans les contes oraux des traditions africaines. Ces contes présentent la vie sous le prisme de la lutte perpétuelle, du combat acharné. Ici, les héros de ces contes sont ceux qui ont fait montre de beaucoup d'intelligences personnelles et qui ne puisent leur force d'aucune révélation ni de personne. « La promotion de l'intelligence humaine au rang de guide suprême et unique dans le combat de la vie contraste violemment avec les traditions sémitiques dominantes qui […] identifient une telle prétention au mal, au péché par excellence»[3].

Les contes oraux nous enseignent que : « la crédulité, et spécialement la croyance au surnaturel, au magico-religieux, constituent le terrain où prolifère la sottise »[4]. La pensée traditionnelle africaine est donc, selon Towa, « l'exaltation de l'intelligence au service du droit, le refus d'en faire le monopole d'un être unique et la reconnaissance du fait que la sagesse est à la disposition de tous ceux qui prennent la peine de l'acquérir »[5].

À tout prendre, deux leçons à portée philosophique se dégagent de la pensée africaine traditionnelle. La première est

---

[1] *Idem*.
[2] *Ibid*., p.32.
[3] *Ibid*., p.33.
[4] *Ibid*., p.35.
[5] *Ibid*., p.38.

que celle-ci ne place rien au-dessus de l'intelligence. L'intelligence est connue comme : « la faculté d'inventer les solutions à tous les problèmes possibles sur la base de la connaissance et du respect des processus objectifs, de fonder sa conduite sur ce qu'on juge bon ou mauvais, la sottise consistant à se décharger de cette responsabilité sur d'autres, à prêter foi à leur jugement, à se laisser dicter, sans comprendre, les valeurs, et les normes de comportement»[1]. Comme telle, l'intelligence s'oppose à la foi, à la crédulité et est le fruit de la philosophie.

La seconde leçon que dégage Towa est que pour la pensée traditionnelle africaine, nul n'a le monopole de l'intelligence et de la perfection éthique. « Tous les êtres réels - ou considérés comme tels - hommes ou Dieux, sont limités intellectuellement et sont imparfaits moralement. Personne n'est à l'abri de l'erreur et de la faute »[2]. Dès lors, l'omniscience et la perfection sont des conséquences du dogmatisme et de l'enfermement. Il n'existe pas un être parfait unique. Il y a nécessité d'un effort, d'une réflexion commune, d'un débat pour définir les valeurs et les normes : la philosophie. Qu'en est-il alors de l'Afrique contemporaine ?

II-L'Afrique contemporaine : le regard de Towa

1- La condition présente de l'Africain

L'Afrique actuelle est, du point de vue de Towa, dominée et exploitée par le capitalisme international qui s'est imposé grâce à sa force physique tirée des connaissances scientifiques. Ce capitalisme, dit-il, a prospéré grâce à la complicité des tyrans locaux qui écrasaient tous ceux qui voulaient s'insurger contre les abus impérialistes et féodaux. « Idéologiquement, l'effort de l'impérialisme consiste à empêcher, chez le colonisé, toute prise de conscience de sa condition réelle de dominé et d'exploité, en le dépréciant à ses propres yeux et en présentant le nouveau cours imprimé à l'histoire comme un bienfait »[3].

---

[1] *Idem.*
[2] *Idem.*
[3] *Ibid.*, p.52.

La mission impérialiste consiste alors à amener le colonisé à être content de son sort. Ce dernier est un être déchu et essentiellement passif. Il ne peut pas exprimer ses besoins et ses aspirations. Faut-il d'ailleurs qu'il en ait. Il ne peut non plus concevoir son avenir encore moins en décider. En un mot, Towa présente l'Africain comme ce dominé, ce colonisé qui perd l'initiative historique : « l'asservissement naturalise, animalise l'homme. Il est un crime de lèse-humanité et doit être considéré comme le mal absolu »[1].

2- Préalable pour une révolution africaine

Plusieurs mouvements anticolonialistes ont vu le jour en Afrique pour faire face à l'idéologie et aux attitudes racistes. Towa, quant à lui, trace et nous propose un chemin tout à fait singulier. Singulier de par son souci de combattre le mal africain à sa source. Pour lui, le sens profond du mouvement anticolonialiste doit pouvoir s'appuyer sur une valeur principielle dont l'expression peut être la suivante : « un peuple qui lutte pour sa libération entreprend de reconquérir son humanité perdue, c'est-à-dire le pouvoir de s'exprimer et de concevoir, de décider et de réaliser ce qu'il décide »[2]. S'agissant de l'Afrique, Towa soutient la thèse selon laquelle : « le combat pour la libération vise ou doit viser l'émergence d'une Afrique prospère, puissante et autocentrée, une Afrique formant un centre autonome de besoins et d'aspirations, d'expression, de conception, de décision et de réalisation sur les plans politique, économique et culturel. Tel est, dit-il, le sens de la révolution qu'il s'agit d'opérer »[3].

Très rapidement, pour favoriser cette révolution, l'Africain doit d'abord identifier son ennemi, c'est-à-dire l'ensemble des pesanteurs qui tirent le continent vers le bas. En effet, pour l'auteur, « l'ennemi, ce n'est pas seulement l'envahisseur, étranger, mais également, dans nos sociétés, toutes les forces (hommes, institutions, structures sociales, coutumes, croyances) qui ont été et sont encore ses complices, toutes les lacunes qui

---

[1] *Ibid.*, p.53.
[2] *Ibid.*, p.54.
[3] *Idem.*

ont facilité son entreprise »[1]. Faire de la révolution, ce n'est plus combattre le Blanc. Pour Towa, c'est d'abord opérer un changement profond de mentalité, une mutation de valeurs, une transformation en profondeur. Pour lui, « la révolution doit être en même temps auto-révolution »[2]. Tout changement commence par une remise en cause de ses propres attitudes. La force de l'adversaire n'est rien d'autre que l'expression de nos propres faiblesses.

L'Africain et l'Afrique, en effet, ne sont pas seulement victimes du colon Européen. L'Africain est d'abord victime de son ignorance. Il est aussi victime, dit Towa, de ses frères complices et aussi de sa propre culture d'asservis. C'est pourquoi, il affirme qu'« il ne peut donc être brisé qu'au prix de révolutions sociales et culturelles par lesquelles seraient supprimés ses supports locaux »[3].

Une telle condition s'impose alors comme un préalable nécessaire et indispensable pour la révolution de l'Afrique. La révolution se trouve, dès lors, être, selon le mot de Towa, une «lutte acharnée contre les forces intérieures du système mondial d'oppression et d'exploitation, les forces révolutionnaires doivent opposer un front de lutte anti-impérialiste lui aussi mondial »[4].

III-Les voies du développement de l'Afrique

Chez Towa, la notion de développement va de pair avec celle de civilisation industrielle. Autrement dit, le développement n'est rien d'autre que la maîtrise de la rationalité scientifique et technologique. Il peut, en effet, affirmer que : « nos peuples ne sortiront pas de la pauvreté et du sous-développement tant qu'ils ne maîtriseront pas la

---

[1] *Idem.*
[2] *Idem*
[3] *Idem.*
[4] *Idem.*

civilisation industrielle »[1] (bek9). À ce titre, l'Europe, pour l'Afrique, sera une référence dont il faut s'inspirer pour envisager le développement. C'est ce qu'il faut comprendre de cette attitude de Towa qui affirme que : « depuis que l'Europe a opéré la révolution industrielle et s'est assurée, grâce à l'énorme puissance matérielle, qu'elle en tirait, la domination sur le reste du monde, les nations non européennes n'ont plus qu'une alternative : ou bien réaliser à leur tour la révolution industrielle, préalablement à toute autre considération, pour secouer le joug de la domination, soit pour des raisons morales, se résigner à disparaître de l'histoire. L'industrialisation intense et accélérée apparaît désormais comme un préalable à tout épanouissement national »[2]. Pour ce faire, le recours à la science et à la technique est indispensable.

1- La science et la technique : les indispensables

Towa fonde et justifie la domination de l'occident sur une réalité factuelle, à savoir : la force matérielle que procurent la science et la technologie. « La force de la bourgeoisie internationale, c'est en définitive la force de la matière domestiquée par la science et la technologie »[3](55). Si, à son tour, l'Afrique veut être forte, elle doit se libérer de l'impérialisme européen. Pour cela, dit Towa, elle doit aussi « domestiquer la science et la technologie»[4].

S'il y a une attitude à éviter pour y parvenir, c'est la négation ou le rejet du matérialisme qui nous amène à nous enfermer dans le spiritualisme religieux. D'ailleurs, le spiritualisme, de l'avis de Towa, n'est pas contre le matériel. Autrement dit, ce n'est pas parce qu'on croit aux valeurs religieuses qu'on n'est pas intéressé, que l'on ne saurait reconnaître le privilège qu'offre la civilisation industrielle. Les

---

[1] M. TOWA, « Identité et identification », in *Construction identitaire en Afrique*, sous la direction de David SIMO, éd. CLE, Yaoundé, 2006, p.48.

[2] M. TOWA, « La fonction normale de 'l'école dans la nation », in *ABBIA*, Yaoundé, mai 1963, p.80.

[3] M. TOWA, *L'idée d'une philosophie négro-africaine*, op.cit., p.55.

[4] *Idem.*

Africains, affirme Towa, ne sont pas étrangers, c'est-à-dire indifférents aux bienfaits du matérialisme. Le commerce des esclaves noirs entre les Africains et les Occidentaux témoigne de l'intérêt que les Noirs ont toujours eu vis-à-vis de l'accumulation des biens matériels.

Au lieu d'afficher ce spiritualisme de façade et hypocrite, l'auteur envisage de faire de l'accession à la civilisation matérialiste, un projet de société clair et distinct. Car, pense-il, «il est permis de penser qu'il serait plus spirituel de devenir nous-mêmes techniciens afin de produire nous-mêmes en abondance les biens matériels dont nous ne pouvons-nous passer »[1]. Cela s'avère plus digne et bénéfique plutôt que de se cacher dans une prétendue spiritualité à l'africaine qui cache mal ce que Towa lui-même appelle : « la boulimie matérialiste des néo-colonialistes africains »[2].

Le discours des théologiens ne devrait plus suffire pour discréditer la science et la technologie. En effet, l'homme étant un être matériel, la science et la technologie qui maîtrisent la matière permettent également de se maîtriser. La science et la technique se révèlent être des conditions de possibilité de la sécurité et de l'épanouissement matériel, bref du bonheur de l'homme. « Assurer le contrôle des éléments et des autres phénomènes naturels par la science et la technologie, dit Towa, c'est donc s'assurer le droit de vie et de mort sur ceux qui ignorent ce secret de la puissance »[3].

Pour Towa, l'inégalité politique n'est que le reflet de l'inégalité dans la maîtrise de la science et de la puissance. Car, «ceux qui ont la supériorité sur le plan de la connaissance et du contrôle des phénomènes naturels établiront leur domination sur les autres »[4].

Au total, la quête du développement de l'Afrique par les Africains passe nécessairement d'abord par une « révolution

---

[1] *Ibid., p.56.*

[2] *Idem.*

[3] *Ibid., p.57.*

[4] *Ibid.*, p.58.

radicale »[1]qui nous impose « de nous transformer en profondeur, de nier notre être intime pour devenir l'autre »[2]. Par ailleurs, pour que ce développement soit pertinent, c'est-à-dire total, concret et intégral, capable d'installer l'Africain dans un confort sans faille, « il faut comprendre, dit Towa, que la science et la technologie modernes fournissent des moyens de domination ou de libération autrement plus sûrs que des prétendus pouvoirs surnaturels des personnages de la mythologie biblique qui ne sont que des fantasmes de la mentalité magico-religieuse des Hébreux »[3].

2- Promouvoir l'esprit

Selon Towa, l'esprit est, conçu sous l'angle raisonnable. Une telle conception est obligée de prendre en compte la science et la technologie ou la puissance sur les phénomènes que l'esprit fonde. En effet, « l'esprit est, avant tout, pouvoir de représentation, de signification, de pensée et de choix. Représentation, pensée, décision constituent autant d'aspects, autant de phases de la praxis rationnelle, de la transformation de la réalité »[4]. Chez Towa, «l'esprit est activité »[5], et l'activité consiste en la résolution des problèmes. Résoudre les problèmes veut dire que l'on fait face aux obstacles et que l'on veut franchir ces obstacles pour rétablir les conditions d'une existence meilleure. C'est pour cela que Towa peut affirmer que : «dans le monde et sur le monde objectif que l'esprit s'affirme et se déploie, l'esprit, c'est-à-dire les hommes, des êtres de chairs et d'os qui éprouvent des besoins, qui conçoivent, discutent leurs conceptions et agissent en fonction des idées qui en résultent »[6]. Sous l'angle raisonnable, l'esprit est donc, une dimension empirique de l'être humain. C'est l'homme existentiel, c'est-à-dire un être historiquement

---

[1] M. TOWA, *Essai sur la problématique philosophique dans l'Afrique actuelle*, CLE, Yaoundé, 1971, p.56.
[2] Idem.
[3] M. TOWA, *L'idée d'une philosophie négro-africaine*, *op.cit.*, p.58.
[4] *Ibid., p.58.*
[5] *Idem.*
[6] *Idem.*

déterminé, qui fait face aux problèmes existentiels dont la résolution dépend de l'apport de la science et de la puissance technique.

Si l'esprit est, comme le montre Towa, cette dynamique dans l'action fondée sur la science et la puissance, il relèverait d'un non- sens d'envisager faire partie de l'esprit et ne pas cultiver une théorie et une action fondée sur la raison. Comprendre l'esprit, c'est promouvoir la science et la technologie de la civilisation industrielle. Pour Towa, « s'opposer à la pensée et à la praxis rationnelle, à l'action fondée sur la pensée, c'est assurément s'opposer à l'esprit »[1].

Les ennemis de l'esprit sont, dès lors, d'après Towa, les théologiens, car affirme-t-il : « s'il est vrai, par exemple, qu'avoir la foi, c'est renoncer à penser le contenu de la foi, c'est-à-dire l'essentiel, il faut avouer qu'elle est mutilation de la pensée et donc mutilation de l'esprit »[2]. Selon l'auteur, l'esprit a, certes, pour rôle de former les représentations, mais son travail ne se limite pas à cela. Car ce n'est pas assez de former les représentations, faut-il encore être capable de soumettre ces représentations à l'examen critique pour mettre en évidence leur objectivité et évacuer toute croyance spontanée et naïve des «représentations incompréhensibles »[3]. Nous sommes plus dignes de participer à l'esprit si nous acceptons d'aller au-delà de cette croyance spontanée et naïve des représentations pour mettre en activité la pensée critique qui est ce sans quoi l'esprit, le vrai, ne sauraient se déployer. C'est ainsi, par exemple que, de l'avis de Towa, Dieu, pour les croyants, n'est rien d'autre «qu'un fantasme dicté par l'affectivité, c'est-à-dire qu'il est un produit du cœur et de l'imagination et tient le croyant éloigné de la pensée qui est une forme plus élevée de « l'esprit »[4].

Pour finir, Towa pense que si les intellectuels africains doivent s'enfermer dans « le fantasme de Dieu et le dogmatisme

---

[1] *Idem.*
[2] *Ibid.*, p.59.
[3] *Idem.*
[4] *Ibid.*, p.61.

des religions soi-disant révélées »[1], ceux-ci assureraient, sans faille, la défaite de l'Afrique. Pour lui, la croyance ne s'oppose pas fondamentalement au savoir, car le savoir de l'essentiel est plus profond et même complémentaire à la croyance. En effet, la croyance est l'expression des volontés et des affirmations des autres qui ne sont pas soumises à l'examen critique, tandis que le savoir est le résultat qui sort de cet examen qui passe au crible les croyances ou les données extérieures. Dès lors, dit Towa, « la science et la technique modernes ne peuvent être domestiquées que par les peuples dont au moins l'intelligentsia est parvenue à libérer totalement la pensée en la dégageant des entraves de la croyance »[2]. Ainsi, qui a la science et la technologie a le pouvoir sur le monde et sur les hommes. Il contrôle l'humanité dans sa totalité : « mais l'évidence tragique aujourd'hui, dit Towa, est que certains Etats, grâce à la science et à la civilisation technologique, tiennent d'ores et déjà entre leurs mains les secrets de l'Apocalypse et peuvent, à chaque instant, mettre un point final à l'aventure humaine »[3]. D'où la nécessité d'un redimensionnement éthique de la pratique technoscientifique.

IV-Au-delà de la technoscience

Le discours de Towa a le mérite d'évaluer lucidement, c'est-à-dire froidement les deux cultures occidentale et africaine en mettant en exergue le point de démarcation entre elles. La différence entre la culture africaine et la culture européenne est que la seconde se livre à la promotion de l'esprit à travers la maîtrise de la technoscience qui est une nécessité pour construire la puissance d'un Etat et d'un peuple. La seconde, quant à elle, se cantonne dans des préoccupations d'ordre mythique, mystique et magico-religieux. Il s'agit, pour l'auteur, d'inviter les Africains à s'approprier la technoscience grâce à laquelle la domination socio-économique serait possible. Le problème se pose alors de savoir si la technoscience, enfermée

[1] *Ibid.* p.62.
[2] *Ibid.*, p.61.
[3] *Idem.*

dans sa rigidité et sa froideur peut promouvoir un développement intégral au sens de Njoh Mouelle.

1- **Et si la technoscience était un bluff** ?

Le bluff technologique(1988) est un ouvrage publié aux éditions Hachette par Jacques Ellul. Dans cet ouvrage, il attire l'attention de ses contemporains sur le fait que tous les discours sur la technoscience sont des discours de propagande, de promotion d'une seule dimension, d'un seul versant de la pratique technoscientifique. L'auteur de cet ouvrage affirme que le discours sur la science et la technique n'a pas toujours une visée explicative et pédagogique. Il s'agit davantage et, d'après lui, « de démonstrations des prodigieuses puissances, diversités, réussites, de l'application vraiment universelle et de l'impeccabilité des techniques »[1]. En effet, les promoteurs des technosciences ne nous présentent celles-ci que sous le seul angle de leurs prouesses, comme étant le remède magique à tous les maux de l'humanité. Un tel discours ne fait que chanter les mérites de la technoscience et la présente comme étant la solution à tous nos problèmes collectifs et individuels, c'est-à-dire la seule possibilité de progrès et de développement pour toutes les sociétés.

Il s'agit là, dit Ellul, d'un « bluff » dans la mesure où un tel discours ne fait que chanter les mérites de la technoscience et étouffe volontairement ses aspects négatifs et ses dérives éventuelles. Un tel discours, dit-il, porte en lui tous les espoirs de l'homme et l'amène à vivre dans un univers de diversion et d'illusion. C'est ce qui fait dire à Ellul que : « le bluff consistait essentiellement à redonner toute chose, de façon exemplaire et proclamée, en fonction du progrès technique, qui dans sa prodigieuse diversification offrait à l'homme dans toutes les directions des possibilités tellement variées qu'il ne pouvait songer à quoi que ce soit d'autre»[2].

En réalité, la technoscience comporte des aspects positifs et négatifs. Probablement, elle crée plus de problèmes qu'elle n'en

---

[1] J. ELLUL, *Le bluff technologique*, Hachette, Paris, 1988, p.13.
[2] *Idem.*

résout. La technoscience porte en elle-même les germes de l'incertitude et de l'imprévisibilité dans la mesure où elle comporte toujours, en son sein, une marge d'erreurs et de dangers tant au plan technique que socio-culturel. Sur ce dernier plan, Gilbert Hottois, à la suite de Hans Jonas, affirme qu'avec le développement technologique, « l'agir humain a profondément changé au cours de ces dernières décennies en portée (puissance, étendue spatiale et temporelle) et en qualité (éventail des inventions possibles, complexité, précision)»[1]. Cela signifie, en effet, que la technoscience a occasionné une sérieuse mutation des valeurs. Elle a permis l'émergence de nouvelles rationalités en même temps qu'elle a imposé à l'homme de nouvelles idoles. La rationalité technoscientifique va devenir une rationalité à caractère hédoniste, libéral, cynique, dévastateur et mercantiliste. C'est davantage sous cet angle qu'elle inspire la civilisation contemporaine. C'est fort de ce constat qu'Antoine Manga Bihina affirme qu'« autour de nous, aujourd'hui, il est aisé de relever de nombreuses mutations qui s'opèrent dans les mœurs, les options et qui remettent en question l'efficacité des morales traditionnelles lorsqu'il ne s'agit pas de rendre caduques les préceptes et les garde-fous des sagesses séculaires. La logique du refus de contestation qui les sous-tend trouve facilement ses prétextes dans l'esprit et les arguments que cultive la techno-science et qu'encourage la mouvance d'une laïcité mal comprise»[2].

En fin de compte, le bluff technologique dont parle Ellul prend également corps dans la volonté de l'homme contemporain de n'avoir plus de temps pour les idées, pour se tourner à ce qui, désormais, constitue le nouveau référentiel, à savoir : ce qui est fourni par le son, l'image, l'écran, le tableau, l'affiche, la banderole, etc., éléments constitutifs d'un monde de publicité, de tapage ; bref, d'un monde bruyant et artificiel se situant aux antipodes du monde traditionnel. Manga Bihina affirme, à cet effet, que : « nous sommes entrés dans la

[1] G. HOTTOIS, *De la renaissance à la postmodernité*, De Boeck Univrsité, 3è éd., De Boeck, 2002, pp.502-503.

[2] A. MANGA BIHINA, «La recentration de l'homme », in *KULU*, Année III, N°3, éd. AMA, Yaoundé, 2004, p.30.

civilisation du prêt-à-porter, cuire, savoir, faire, dire, qui banalise, voire ridiculise l'investissement personnel dans l'instruction, la formation, le travail, l'effort, le souci de la correction, de la dignité humaine et de l'honorabilité »[1]. A notre sens, il y a donc une nécessité de prendre la science et la technique, que nous prescrit Towa, avec un enthousiasme fort réservé. Car, comme le dit une pensée commune, tout ce qui brille n'est pas or. C'est pourquoi le recours à la dimension éthique est ce qu'il faut désormais envisager avec beaucoup de sérieux.

2- L'indispensable éthique pour un développement intégral

Le développement intégral est celui que préconise Ebenezer Njoh Mouellé et qui a pour ambition de rechercher le bien-être total, c'est-à-dire tant matériel, socio-culturel qu'humain. Il ne s'agit pas de se laisser bluffer par le matérialisme aveugle prôné par certains technoscientistes qui ne parlent de la science et de la technologie que sous l'angle positif. Il est donc nécessaire pour le développement de l'Afrique de s'armer de prudence à l'égard de la technoscience. Être prudent consiste alors à avoir un regard critique vis-à-vis de la technoscience. Il s'agit d'être clairvoyant, voire prévoyant. Cela signifie qu'il faut contrôler la puissance technoscientifique en référence à la recommandation de Jean Bernard qui demandait qu'aux nouveaux pouvoirs acquis par la puissance technoscientifique l'on puisse opposer de nouveaux devoirs. En effet, avec la technoscience, aujourd'hui, tout est possible. Tout est-il cependant normal ? Cette interrogation nécessaire et pertinente met au cœur du débat sur tout développement la nécessité de l'exigence éthique.

L'éthique a, dès lors, la mission de contrôler la technoscience. Si celle-ci n'est pas contrôlée, toute découverte, tout exploit, toute prouesse technoscientifique peut devenir un motif de peur et d'anxiété. Pour éviter cet état de choses, il faut, disions-nous plus haut, s'armer de prudence. Pour cela, l'éthique doit alors amener la technoscience à éviter d'être

---

[1] *Idem.*

esclave des préoccupations économiques qui portent des germes de destruction de l'homme et de la nature. C'est elle qui doit amener l'homme à faire sienne l'idée selon laquelle « si tout est possible, comme le souligne Jean-Jacques Salomon, tout ne doit pas être réalisé, ce qui est réalisé peut l'être dans des conditions telles que les nuisances soient limitées »[1].

Le développement de l'Afrique qui passe par l'appropriation de la science et de la technique, comme le recommande Towa, est une voie de salut pour les peuples africains. Seulement, un tel développement doit prendre corps au cœur d'un débat éthique qui promeut au sein des prouesses technoscientifiques, des valeurs qui privilégient la dignité de l'homme. Pour ce faire, l'éthique doit donner à l'Africain, en quête de développement, le sens de discernement. Si la dignité de la technoscience c'est de promouvoir, en tant qu'instrument perfectionné, le développement intégral de l'homme en étant à son service, celle de ce dernier est d'être traité, comme le soulignait Kant, jamais comme un moyen mais toujours comme une fin.

La réflexion éthique a alors pour ambition de donner une mesure à l'intelligence et de contenir l'imagination et la volonté dans les limites de cette mesure. Cela ne doit pas nous faire perdre de vue le fait que la technoscience reste un merveilleux outil de développement. Cependant, si elle est à l'abri des critiques notamment à caractère éthique ou philosophique, ce serait, dit Louis de Broglie : « une affreuse déchéance pour la race humaine de ne plus conserver ces tendances innées qui ont été à l'origine de tous ses progrès »[2].

Conclusion

Le caractère pédagogique du ton qu'emprunte Towa dans la recherche des conditions de possibilité du développement de l'Afrique fait partie des éléments essentiels dont la portée

---

[1] J-J. SALOMON, *Le destin technologique*, éd. Balland, Paris, 1982, p.239.

[2] L. de BROGLIE, *Certitudes et incertitudes de la science*, PUF, Paris, 1996, p.239.

mérite d'être mise en évidence. Notre préoccupation, à la lecture de ce texte était d'insister avec l'auteur de *L'idée d'une philosophie négro-africaine* sur la nécessité de rester fidèle à l'orthodoxie de la pratique philosophique, activité qui, seule, contribue à la promotion de « l'esprit » en tant qu'entité créatrice qui permet la dynamique réflexive active de l'homme. Ce qui revient à dire que même la science et la technique sont des produits de cet esprit. Dans cet ordre d'idées, il est indéniable que la maîtrise de la technoscience, c'est-à-dire de la puissance matérielle est ce dont l'Afrique contemporaine a besoin pour sortir de son sous-développement et s'affranchir de l'impérialisme étranger. Seulement, aux nouveaux pouvoirs acquis par la maîtrise de la technoscience, il faut opposer de nouveaux devoirs, pour espérer un développement intégral, celui qui tient compte, non seulement, de l'accumulation des biens matériels, mais aussi de la performance de l'indice de développement humain. Car, sans hommes épanouis, point de développement véritable.

Bibliographie

BROGLIE, Louis de, *Certitudes et incertitudes de la science*, P.U.F., Paris, 1996.

ELLUL, Jacques, *Le bluff technologique*, Hachette, Paris, 1988.

HOTTOIS, G. *De la renaissance à la postmodernité*, De Boeck Université, 3è éd., De Boeck, 2002, pp.502-502.

MANGA BIHINA, Antoine, « La recentration de l'homme », in *Kulu*, Année III, N°3, AMA, Yaoundé, 2004.

SALOMON, Jean-Jacques, *Le destin technologique*, Balland, Paris, 1996.

TOWA, Marcien, « La fonction normale de l'école dans la nation », in *ABBIA*, Yaoundé, mai 1963.

Essai sur la problématique philosophique dans l'Afrique actuelle, CLE, Yaoundé, 1971.

L'idée d'une philosophie négro-africaine, CLE, Yaoundé, 1979.

« Identité et identification », in *Construction identitaire en Afrique*, sous la direction de David SIMO, CLE, Yaoundé, 2006.

Chapitre VII. TOWA ET LE PROCÈS DE LA TRADITION

Ernest MENYOMO (fils), Ph.D.[1]

Introduction

Dans le souci de questionner froidement les évidences, les opinions ordinaires propagées et alimentées sous l'anonymat du « on », le philosophe fait recours à sa plume acerbe et virulente. C'est la raison pour laquelle, il a toujours la soif intellectuelle de chercher à démystifier aussi bien l'abscons que le diffus. À partir de là naît son envie de clarifier toutes les problématiques sujettes à caution. Dans ce sillage, le philosophe se démarque du fanatique qui croit tout savoir et posséder la vérité. Or, le commencement, en philosophie naît avec le recul critique par rapport à ce qu'on croyait ou croit savoir. Cela a fait dire à Hegel que « Ce qui est bien connu en général, justement parce qu'il est bien connu, n'est pas connu. C'est la façon la plus commune de se faire illusion et de faire illusion aux autres que de présupposer dans la connaissance quelque chose étant bien connu, et de le tolérer comme tel »[2]. Cette affirmation traduit l'idée selon laquelle la philosophie se distingue de la manière commune de penser. Seule la mise en question des idées habituellement admises, seule la critique radicale des préjugés permettent l'ouverture et la délimitation des espaces à l'intérieur desquels peut être recherchée la vérité.

Mais, il faut préciser que cette critique n'est pas une fin en soi et ne débouche pas sur un scepticisme systématique. Elle s'effectue en fonction d'un projet. Si Descartes, par exemple, procède à un doute hyperbolique, c'est pour trouver une idée qui échappe au doute et reconstituer à partir de là un système de pensée cohérent. C'est bien dans ce contexte que s'inscrit le

---

[1] *Assistant au département de philosophie, Université de Yaoundé I, E.mail :ernest_lefils@yahoo.fr*

[2] Hegel, *Phénoménologie de l'esprit*, traduction J. Hyppolite, Paris, Aubier Montaigne, 1983, p. 28.

procès philosophique que fait Towa à la tradition. Pour lui, s'investir intellectuellement à l'herméneutique du passé ne saurait être une entreprise vaine. Le questionnement du philosophe camerounais sur ce qui précède est un appel au travail de la pensée. Le plus souvent, elle ne se met en branle que sous l'effet d'un choc. Voilà pourquoi, dans cette investigation, nous posons la sempiternelle question de la crédibilité ou non de la tradition. Autrement dit, peut-on objectivement fonder une philosophie aussi bien authentique que logique en se référant aveuglement à la tradition ? Mieux, la philosophie en tant que discours en quête de sens, puis de l'essence, peut-elle conceptuellement valider le supposé fond épistémique de la tradition ? Enfin de compte, si Marcien Towa, à la suite de Paulin Hountondji, Ebenezer Njoh Mouelle, considère la tradition comme « la pensée de la pensée », faut-il judicieusement la réduire à un concept fiable dont le contenu peut avoir une assise scientifiquement probante ? Ces questions sériées vont constituer le socle analytique de cette réflexion.

I- Archéologie d'une crise

1- Philosophie et tradition : des raisons d'une rupture conceptuelle

A priori, philosophie et tradition s'opposent. Le premier concept est aussi bien un discours hautement évaluatif, incisif, froid qu'une controverse logique, dynamique, active et constituante sur le sens à affecter autant au-là, voire au déjà-là, qu'au réel. C'est bien cette thèse que défend Pius Ondoua lorsqu'il précise que la philosophie est « herméneutique du sens du réel… Elle invite l'homme, en faisant appel à sa raison à cheminer vers cette sagesse qui est réalisation de sa plénitude et de son authenticité »[3]. D'après ce qui précède, il faut comprendre que la philosophie est cette discipline rationnelle et discursive dont l'arme ou l'outil méthodologique est l'esprit critique qui cherche à expliciter l'implicite, à déverrouiller argumentativement tout ce qui est conceptuellement verrouillé,

---

[3] P. Ondoua, « Existence et authenticité chez P. M. Hebga. Éloge de la philosophie complexe », in Pierre Meinrad Hebga, *Philosophie et anthropologie*, Paris, L'Harmattan, 2000, p. 55.

à défaire, par le biais du discernement, tout ce qui est mal fait, à dire tout ce qui n'a pas été dit, n'est pas dit, d'une part, et, doit être dit, d'autre part. Dans cet ordre d'idées, « La philosophie ne commence qu'avec la décision de soumettre l'héritage philosophique et culturel à une critique sans complaisance. Pour le philosophe, aucune donnée, aucune idée, si vénérable soit-elle, n'est recevable avant d'être passée au crible de la pensée critique »[4]. Eu égard à ce qui précède, la philosophie s'assimile à une réflexion audacieuse, questionnante qui, par le truchement de la dialectique, soumet au tribunal de la raison le donné, le présenté et le représenté. Nous comprenons pourquoi Towa a méthodologiquement souscrit à la pensée de Platon dont il fait objectivement le dithyrambe. L'affirmation suivante l'atteste : « J'appartiens donc au courant dialectique de la philosophie africaine actuelle. La dialectique est un héritage de Platon qui écrit ses textes sous forme de dialogue. C'est un débat méthodique sur les questions essentielles qui est le propre du *Noûs* »[5].

Le second concept, c'est-à-dire la tradition n'est rien d'autre qu'une suite de révélations, d'affirmations, de schèmes, de formules, de menus qui exaltent et célèbrent, à forte intensité, les croyances ayant existé ou existantes. Autrement dit, la tradition est un puits de slogans, un réceptacle de prescriptions, de perceptions et de propositions qui traduisent des vérités supposées certaines et certaines vérités prises comme autant de paradigmes que de référentiels architectoniques. Cela a fait dire à Marcien Towa que « la tradition est une masse de provisions dans laquelle nous pouvons puiser en attendant que nous soyons à même de créer à notre tour »[6]. Cette définition de la tradition nous conduit

---

[4] M. Towa, *Essai sur la problématique philosophique dans l'Afrique actuelle*, Yaoundé, Clé, 2000, p. 30.

[5] M. Towa, « La philosophie africaine comme contribution à la dialectique de la libération », in *La philosophie africaine hier et aujourd'hui* de Ernest-Marie Mbonda, Paris, L'Harmattan, 2013, pp. 77-78.

[6] M. Towa, *Identité et transcendance*, thèse de Doctorat d'État, Paris, Nanterre, 1977, p. 530.

inéluctablement à l'assimiler à des conjectures systémiques, systématiques et symptomatiques qui doivent être préservées, parce que sacrées. Vue sous cet angle, la tradition apparaît aussi comme un ensemble de croyances, de connaissances léguées à un peuple. Voilà pourquoi, Towa a tôt fait de parler d'« héritage culturel »[7]. Cette idée rejoint la conception de la tradition par Fabien Eboussi Boulaga. Pour lui, « la tradition est un être ensemble à une destinée commune par un agir ensemble »[8]. En nous résumant, nous constatons que la tradition n'est rien d'autre qu'une suite de discours de fait qui, subrepticement, a toujours eu tendance à se transformer en discours de droit, en vérité normative. Mais, la définition ci-dessus est à questionner.

2- La tradition au tribunal de la raison

Dans le dessein d'affranchir l'Afrique, voire l'Africain des affres, du poids de l'asservissement, loin de tout zèle, Towa pense que le renversement de la tradition est une solution non négligeable. C'est en cela que consiste objectivement la révolution. Elle est : « une rupture elle aussi radicale avec notre passé puisque cette condition provient rigoureusement et incontestablement de ce passé. La volonté d'être soi conduit immédiatement à la fière reprise en charge du passé parce que l'essence du soi n'est que le résultat du passé du soi ; mais le passé lucidement et froidement interrogé et scruté atteste que l'assujettissement présent trouve son explication dans la provenance de l'essence du soi, c'est-à-dire, dans le passé du soi, et nulle part ailleurs »[9]. Pour cet auteur, pour aussi bien s'auto accomplir que s'autoréaliser, l'Africain doit à la fois se nier, nier son essence et par conséquent, son autrefois et son hier, étant donné que son soi est controversé parce que fragilisé par le spectre du colonialisme. À cet effet, Towa mentionne que « nos cultures sont menacées de disparition sous l'action

[7] M. Towa, *Essai sur la problématique philosophique dans l'Afrique actuelle*, p. 26.

[8] F. Eboussi Boulaga, *La crise du Muntu*, Paris, Présence Africaine, 1977, p. 145.

[9] M. Towa, *Essai sur la problématique philosophique dans l'Afrique actuelle*, p. 41.

dissolvante des formes coloniales ou néocoloniales »[10]. Face à ce qui vient d'être dit, nous voulons néanmoins préciser qu'au plan théorique, les peuples qui, autrefois opprimés, ont, avec succès, pu s'insérer à l'initiative historique, ont dû tourner le dos à leur essence propre.

C'est dans la même perspective que Ebénézer Njoh-Mouelle, Fabien Eboussi Boulaga, Hubert Mono Ndjana, Robert Ndebi Biya, Paulin Hountondji et bien d'autres encore n'adhèrent pas à la manière dont les prétendus adeptes de l'ethnophilosophie font le panégyrique de la tradition. Nous citons à titre illustratif : Placide Tempels, Alexis Kagamé, Alassane N'daw, Basile Juléat Fouda, John Mbiti, Jean-Calvin Bahoken, Nkombe Oléko, Tshiamalenga Ntumba, etc. Pour eux, la philosophie africaine n'est rien d'autre que la révélation fracassante et ostentatoire de nos traditions.

Placide Tempels, pour avoir vécu avec les Bantous et pour avoir reçu bien de témoignages les concernant, arrive à dire qu'ils ont une théorie de la « force vitale ». Celle-ci est la base de toute la conception de la vie chez ces derniers, puisqu'ils parlent, vivent et agissent comme si pour eux, la force était un élément nécessaire de l'être. La notion de force est donc liée à toute notion d'être. Cela a fait dire à Tempels que « Pour les Bantous, l'être est la chose qui est force... Là où nous pensons le concept "être", eux se servent du concept "force", là où nous voyons des êtres concrets, eux voient des forces concrètes »[11]. À la suite de Tempels, de manière nuancée, Alexis Kagame[12], à l'aide d'une étude ethnolinguistique, aboutit aux conceptions philosophiques du peuple rwandais en cherchant les significations des mots, des phrases. Pour Marcien Towa, une telle méthode est questionnante. Selon lui, les ethnophilosophes sont irrationalistes. Ils procèdent par la « rétro-jection », conçue

---

[10] M. Towa, *Identité et transcendance*, thèse de Doctorat d'Etat, Nanterre, 1977, p. 6.
[11] P. Tempels, *La philosophie bantoue*, Paris, Présence Africaine, 1961, p. 36.
[12] A. Kagame, *La philosophie bantoue-rwandaise de l'être*, Paris, Présence Africaine, 1976.

comme le « procédé pour lequel (l'ethnophilosophie) altère et défigure la réalité traditionnelle en y introduisant secrètement dès le stade descriptif, des valeurs et des idées actuelles pouvant être tout à fait étrangères à l'Afrique, pour les retrouver au stade de la profession de foi militante, « authentifiée » en vertu de leur prétendue africanité »[1]. Cette manière de faire peut paraître paraître philosophicide. C'est justement le point de vue de Hubert Mono Ndjana qui pense que la preuve, la sagacité, la perspicacité explicativo-analytique éloignent le discours philosophique des mythes, contes et légendes, puisque : « les contes, les légendes, les mythes n'ont pas une existence ferme. Il leur manque la consistance qui en ferait des réalités stables »[2]. stables »[2]. Intéressons-nous à présent à l'analyse de Towa sur les traditions judéo-chrétiennes, juives et quelques récits, contes et mythes.

Les premières accordent spécifiquement un primat à l'évangélisation, au catéchisme, à l'idolâtrie, bref à la béatitude paradisiaque. Il y a là – à n'en point douter – étiolement du *Noûs*, censure de l'intelligence, dissimulation du doit-être, puisque : « le croyant accepte tout ce que déclare et promet le prophète, il se soumet et se résigne à la volonté insondable d'Allah, dans l'espoir des récompenses matérielles en ce monde et dans l'au-delà »[3]. Cette affirmation de l'auteur fait des types de traditions sus-énumérés, des foires d'adoration et de cooptation où les questions du pourquoi et du comment sont ignorées et cèdent la place à la fantaisie absorbante et au fantasme séduisant. Pour nous le faire saisir, intéressons-nous au passage ci-après : « Dans la bible et le coran, la question de l'origine n'est pas posée, nous n'avons que la réponse »[4].

---

[1] M. Towa, *Essai sur la problématique philosophique dans l'Afrique actuelle*, p. 32.
[2] H. Mono Ndjana, *Paradoxes, Essai sur les contradictions du sens commun*, Éditions Objectifs, Yaoundé, 1981, p. 70.
[3] M. Towa, *L'idée d'une philosophie négro-africaine*, Yaoundé, Clé, 1979, p. 21.
[4] *Ibid.*, p. 103.

À ce niveau, nous remarquons l'influence qu'a eu Hegel sur Towa. Rappelons que pour ce philosophe allemand, la philosophie s'assimile à la pensée de la pensée, par conséquent, elle rédige froidement l'acte de décès de tout ce qui n'admet rien comme vrai qui n'ait été reconnu tel par la pensée. Ainsi pour Hegel : « Quand la conscience en est arrivée à connaître son soi intime comme pensant, il se produit que la raison sciemment veut donner son assentiment à tout ce qu'elle doit reconnaître comme vrai, sans vouloir y renoncer, en s'opposant à toute autorité quelle qu'elle soit »[1].

Les seconds, c'est-à-dire certains récits, contes et mythes font le lit de l'angélisme et de la fascination exacerbés. Ici, au lieu de faire comprendre, on raconte ; au lieu de prouver, on approuve. Dans ce cas : « il y a entre la philosophie et le mythe une opposition profonde... Ce qui caractérise essentiellement un esprit mythique c'est son inaptitude ou son renoncement à penser, à réfléchir d'une manière autonome »[2]. Towa trouve cette manière de faire réductionniste. Voilà pourquoi il la dénonce. Il dit à cet effet que « les représentations, les convictions, les opinions n'ayant pas subi l'épreuve de la critique ou n'y ayant pas résisté, ne sont pas des pensées, des idées mais des simples croyances »[3]. À travers cette affirmation, l'auteur de l'*Essai sur la problématique philosophique dans l'Afrique actuelle,* pense que la tradition, telle qu'elle est ainsi drapée et enveloppée est problématique. Au lieu d'exalter l'examen rigoureux, l'interrogation froide, le doute non seulement des évidences ; mais aussi du donné, du dire, les « magistrats » et les gardiens de la tradition versent tant dans le griotisme, la passion, le psittacisme que le nostalgique. Ils ont là, la faiblesse de présenter la tradition comme des systèmes, des pensées inépuisables que nous assimilons à des types de philosophies philosophées. Il s'agit là d'un crédo dans lequel toute tentative de discussion est assimilable à une trahison. Dans cette optique, la tradition exige une adhésion massive,

---

[1]Hegel, *Leçons sur l'histoire de la philosophie*, Paris, P.U.F., 1938, p. 173.

[2]M. Towa, *L'idée d'une philosophie négro-africaine*, pp. 78-79.

[3]*Ibid.*, p. 7.

symbole d'une alliance indéfectible. Ebenezer Njoh Mouelle, à juste titre, a eu raison de la présenter sous la forme d'un catalogue de recettes bien définies. Si l'auteur de *Jalons* en arrive là, à la suite de Towa, c'est justement parce que la tradition est régressive et inopportune. Pour le corroborer, il fait remarquer que « la tradition peut représenter une force négative et retardataire... Certes, qui dit tradition pense d'abord à son aspect réactionnaire et conservateur »[1]. Cette analyse prouve que la tradition est disgracieuse[2], adaptation formelle[3], refus de tout effort[4], démission de toute responsabilité vis-à-vis de soi-même et vis-à-vis des autres[5]. Une telle attitude fait sommeiller le déploiement strict de la pensée et par conséquent l'immobilise en la mettant mécaniquement en vacance. Nous voyons à ce niveau, la critique que Francis Bacon, dans son ouvrage le *Novum Organum*[6], a formulée à l'endroit des idoles - l'idole de la tribu ou de la race, l'idole de la caverne, l'idole du forum et l'idole du théâtre-. Pour lui, l'esprit humain doit s'efforcer à les éliminer parce qu'ils paralysent l'usage de la raison. Or, « développer la pensée pour être en mesure de discerner le bien et le mal et assumer la direction de sa vie, tel est précisément le projet de la philosophie »[7]. Ce qui vient d'être reprécisé nous oblige à constater que la tradition se réduit tout simplement à une doctrine, une vision collective du monde et inébranlable. Notre point de vue rejoint celui de Paulin Hountondji qui écrit : « Il n'y a pas de philosophie qui serait un système de propositions implicites, un système de croyances implicites auquel adhéreraient spontanément tous les individus

---

[1] E. Njoh Mouelle, *De la médiocrité à l'excellence* (Essai sur la signification humaine de développement), Yaoundé, Ed. Clé, 1998, pp. 60-61.

[2] *Ibid.*, p. 59.

[3] *Ibid.*, p. 66.

[4] *Ibid.*

[5] *Ibid.*, p. 68.

[6] F. Bacon, *Novum organum*, traduction de Michel Malherbe et J.-M. Pousseur, Paris, P.U.F., 1986, p. 110.

[7] M. Towa, « La philosophie africaine comme contribution à la dialectique de la libération », *op. cit.*, p. 82.

passés, présents et à venir d'une société donnée »[1]. Ces dires du philosophe béninois confirment l'idée selon laquelle la tradition est à la fois autoritariste, bornée et brumeuse. Autrement dit, pour l'auteur de sur *La philosophie africaine*, le souci d'exhibition de nos cultures traditionnelles au Blanc a une conséquence déplorable : il s'agit de la trahison de nos cultures. Lisons attentivement ce qui suit : « Nous avons trahi nos cultures d'origine en voulant à tout prix les donner en spectacle, en en faisant des objets de consommation externe, des objets de discours, des mythes »[2]. La tradition est dépouillée de son authenticité. Mieux, elle est, d'après nous, l'apôtre de la métaphysique. Pourtant, à la suite de Hume, Kant, Lucien Ayissi réitère que « La métaphysique est inapte à produire des concepts fermes et investir le terrain de la connaissance de façon à la fois magistrale et durable »[3]. À l'instar de la métaphysique, la tradition est inféconde. Elle déroute, envoûte, ensevelit l'esprit et le fragilise considérablement. Dans cette mouvance, elle s'érige en vicaire temporel de Dieu. Réagissant amèrement contre ce qui vient d'être dit, Towa mentionne ce qui suit : « La démarche philosophique se caractérise, disons-nous, par la liaison intime entre le souci de connaître rationnellement, méthodiquement, la réalité aussi bien physique que socio-culturelle et la volonté de prendre appui sur ce savoir pour définir l'orientation profonde, absolue que doit accepter le comportement humain »[4].

Ce qu'il faut retenir ici, c'est l'idée selon laquelle, la tradition en tant que monstration, exposition, mémorisation n'est rien d'autre qu'un panneau publicitaire creux, pompeux et agaçant. C'est la raison pour laquelle, enfouie dans un ethnocentrisme absorbant, l'ethnophilosophie brandit la culture africaine comme un tout. À la suite de ce qui précède, Eboussi Boulaga déclare : « consentir à la traditionnalisation de la

---

[1] P. Hountondji, Sur « La philosophie africaine », Paris, Maspero, 1977, pp. 88-89.

[2] *Ibid.*, p. 44.

[3] L. Ayissi, *Le phénoménisme humien comme prolégomènes à la philosophie transcendantale de Kant*, Yaoundé, P.U.Y., 2003, p. 10.

[4] M. Towa, *L'idée d'une philosophie négro-africaine*, p. 32.

philosophie, à l'obligation de ne penser que par ancêtres philosophes interposés, c'est ratifier un ethnocentrisme qui, transféré à d'autres clans, manifeste ce qu'il contient de destructeur et d'homicide »[1]. La tradition est donc à re-visiter méthodologiquement parce que « la tâche première de la philosophie se situe dans la confrontation critique des données éparses, des savoirs particuliers, en vue de leur trouver une unité de sens par rapport au destin de l'homme. Mais pour se livrer à cette tâche, il faut être armé d'une méthode et des instruments intellectuels adéquats »[2]. Cette affirmation de Njoh Mouelle adhère à la conception de la philosophie de Kant. À titre de rappel, ce dernier déclarait déjà que « de façon générale, nul ne peut se nommer philosophe s'il ne peut philosopher. Mais on n'apprend à philosopher que par l'exercice et par l'usage qu'on fait soi-même de sa propre raison »[3]. À présent, abordons la réorientation que fait Towa de la tradition.

II- Du traditionalisme à la révolution

1- Du questionnement des thèses ethnocentristes

Towa n'a pas tôt fait de battre en brèche le traditionaliste préjugé de la tropicalisation de la philosophie. Il a voulu, à juste titre, rejeter, avec fracas, les fallacieuses allégations africanophobes qui ont entretenu et véhiculé l'idée selon laquelle le discours philosophique est spécifiquement européocentrique. À titre indicatif, le philosophe camerounais fait allusion ici aux thèses de : Lévy-Bruhl[4], Masson Oursel[5], Émile Bréhier[6], Heidegger[7], Hegel[8]. Pourtant, pour l'auteur de l'*Essai sur la problématique philosophique dans l'Afrique actuelle*, « la diversité culturelle présente une portée

---

[1] F. Eboussi Boulaga, p. 95.
[2] E. Njoh Mouelle, « Pensée » et « Philosophie », in *La philosophie africaine, hier et aujourd'hui*, p. 144.
[3] E. Kant, *Logique*, trad. Louis Guillermit, Paris, Vrin, 1966, p. 25.
[4]Cité par M. Towa, in *Essai…*, p. 7.
[5]*Ibid.*, pp. 8-9.
[6]*Ibid.*, p. 8.
[7]*Ibid.*, p. 13.
[8]*Ibid.*, p. 15.

philosophique considérable jusqu'ici fort peu remarquée ; elle montre, non pas la division de l'homme, mais plutôt son identité générique. L'humanité n'est pas génériquement identique malgré la diversité culturelle, mais précisément en raison de la multiplicité des cultures. La prolifération des cultures, des langues, des systèmes sociaux, des religions atteste la fécondité de la création humaine »[1].

À en croire l'auteur, l'on ne saurait réduire la culture à la race. En réalité, pour Towa, toutes les cultures se valent en tant qu'elles sont la marque des peuples dans leurs diversités et leurs différences. Même en définissant la culture comme un ensemble de connaissances acquises par un individu, il faut reconnaître que chaque société développe un type de savoir et de savoir-faire caractéristiques de la vision du monde et de son génie créateur. Par conséquent, reprécise Towa : « Une seule et même culture peut être vécue et développée par des groupes ou des individus radicalement hétérogènes. Une langue d'un peuple noir peut être parlée par des Blancs et des Jaunes. Ce qui montre que les différences raciales sont inessentielles et ne sauraient dresser des barrières infranchissables entre les cultures. Il s'agit là d'un phénomène remarquable car, en dehors de l'homme, aucune autre espèce, aucune autre race animale ne saurait adopter le comportement d'une autre en restant biologiquement elle-même »[2]. Nous essayons de saisir par là qu'il y a une énorme divergence entre l'hérédité biologique et l'hérédité culturelle. Les cultures, au cours de l'histoire, sont loin d'être statiques ; elles évoluent, se transforment alors que les races restent immuables. C'est justement la raison pour laquelle Jean-Godefroy Bidima a pu écrire que « Le progrès de toute culture est donc historique »[3]. La finalité de toute culture est donc de promouvoir, non seulement, le bien-être ontologique, mais aussi l'esprit de créativité et celui de la rationalité. Cette idée nous conduit logiquement au concept de révolution.

---

[1]M. Towa, *Identité et transcendance*, p. 346.
[2]*Ibid.*, p. 349.
[3]J.G. Bidima, *La philosophie négro-africaine*, collection Que sais-je ?, Paris, P.U.F., 1995, p. 31.

2- Du réexamen de la tradition

Gaston Bachelard précisait déjà qu'« accéder à la science c'est spirituellement rajeunir »[1]. Par cette affirmation, il voudrait signifier que le savant doit, dans son champ d'action, évacuer tout ce qui encombre et engloutit l'esprit scientifique, parce que « l'homme est un être qui se lasse de la répétition du même et semble aimer le changement pour lui-même. La répétition à la longue devient pour lui monotonie et source d'ennui, et l'absence de problème lui pose un véritable problème »[2] dit Towa. Dès lors, le coefficient de « fétichisation » de la tradition contraint, comme nous l'avons déjà démontré, l'auteur de *Valeurs culturelles et développement*, à ne lui accorder aucune caution philosophique, puisqu'à titre illustratif, la Chine, dopée par la hantise de l'esprit technoscientifique, a pu, grâce au virus révolutionnaire, proclamer la mort du confucianisme d'une part, et faire peau neuve avec la révolution culturelle du mouvement du quatre mai[3], d'autre part.

Précisons qu'en questionnant rigoureusement la tradition, l'auteur sus-mentionné refuse de verser dans une critique enflammée et enflammante. Il voudrait – sans déformer sa pensée – tout objectivement ne retenir que tout ce qui y est dialectique et suscite le débat courtois. Cette analyse est identique à celle de Nietzsche dans son ouvrage intitulé *Ainsi parlait Zarathoustra*[4]. Ici, plus précisément dans la première partie, Zarathoustra décrit les trois métamorphoses de l'esprit.

---

[1] G. Bachelard, *La formation de l'esprit scientifique*, Paris, P.U.F., 1938, p. 14.
[2] M. Towa, « Conflits entre traditionalisme : recherche d'une solution », in *Recherche, pédagogie, culture*, n° 56, Janvier-Mars, 1982, volume IX, pp. 30-36.
[3] M. Towa, *Essai sur la problématique philosophique dans l'Afrique actuelle*, p. 45.
[4] Nietzsche, *Ainsi parlait Zarathoustra*, traduction Généviève Bianquis, Paris, Aubier, 1951.

La première, celle de l'esprit en chameau est caractérisée par l'abandonnement de soi aux forces extérieures, la passivité, la soumission, le manque de personnalité. La seconde, celle du chameau en lion est synonyme de contestation, d'opposition, de résistance. La troisième, celle du lion en enfant, est vectrice d'innovation, de créativité. La parabole des métamorphoses chez Nietzsche nous enseigne clairement que l'âme doit vaincre absolument le spectre de la pesanteur.

C'est dans ce sillage que s'inscrivent les contes de Kulu-La-Tortue, de Leuk-Le-Lièvre et de Guizo-L'Araignée… « Ces contes nous découvrent un univers déchiré par des conflits et des luttes perpétuelles. Ils nous montrent aussi que l'homme, pour sortir du combat de la vie, n'a pas de meilleure arme ni de guide plus sûr que son intelligence »[1]. Par-là, et pour notre propre compte, la pensée africaine traditionnelle écarte, en principe, la possibilité d'une révélation, d'une proclamation de la vérité, des valeurs et des normes faites une fois pour toutes et qui nous dispenserait de les rechercher et de les définir nous-mêmes. À la suite de ce qui précède, nous essayons de comprendre pourquoi Ernest-Marie Mbonda a déclaré que « Towa s'est d'ailleurs efforcé, dans l'ouvrage intitulé *L'idée d'une philosophie négro-africaine*, à mettre au jour une philosophie africaine, en retrouvant dans les traditions et les contes des pensées qui remplissent les critères de la philosophie »[2]. Ce point de vue est aussi mentionné dans l'ouvrage ci-dessus cité par Robert Ndebi Biya. Il écrit : « Le mythe entre pleinement dans le propos de la philosophie. Je crois également que dans la tradition occidentale, si le mythe a été dévalué il a été réévalué avec le romantisme. Le romantisme n'est pas un mouvement simplement littéraire, il est arrivé après de vastes systèmes philosophiques »[3].

Le projet révolutionnaire de Towa est spécifiquement méthodologico-pédagogique. À cet effet, il écrit : « notre

---

[1] M. Towa, *L'idée sur la problématique philosophique dans l'Afrique actuelle*, p.32.
[2] E.-Marie Mbonda, *op. cit.*, p. 26.
[3] R. Ndebi Biya, - débat sur l'essentiel -, in *L'Idée…*, p. 98.

analyse a voulu établir que l'iconoclasme révolutionnaire constitue la voie unique conduisant à la fois à l'émergence d'une humanité africaine rajeunie et robuste et à l'authenticité ; c'est la destruction des idoles traditionnelles qui, seule, permettra d'accueillir et d'assimiler l'esprit de l'Europe, secret de sa puissance et de sa victoire sur nous. Et c'est seulement en édifiant une puissance comparable aux plus grandes puissances de notre temps, et donc capable de résister à leur agression éventuelle et à leur impérialisme que nous aurons le pouvoir et les moyens de nous affirmer comme monde auto-centré politiquement, économiquement et spirituellement »[1]. Ce projet révolutionnaire, à titre de rappel, consiste tout simplement en une ré-analyse holistique de nos traditions autant passées que présentes, afin de n'en retenir que les plus crédibles.

À la suite de l'analyse précédente, Towa pense objectivement qu'il est superflu de faire fi de nos traditions, dans la mesure où elles constituent le repère identitaire d'un peuple, voire d'une culture. C'est cette thèse que Georges Gusdorf promeut. Pour lui, « la raison du philosophe rationaliste est tributaire du moment intellectuel dans lequel elle intervient »[2]. Nous comprenons donc pourquoi le philosophe d'Elig-Mfomo jette l'anathème du senghorisme[3]. Pour lui, Senghor voue un culte aveugle à l'occidentalisme. À titre de rappel, le senghorisme est la négation de nos traditions. Ce qui est sans doute ahurissant. Pour le prouver, référons-nous à l'extrait ci-dessous : « À l'image de notre univers économique et politique qui n'est ni traditionnel, ni moderne mais néocolonisé, le senghorisme ne nous conduit ni vers la récupération de notre patrimoine traditionnel, ni vers l'affirmation dans le monde moderne, il nous fixe dans notre condition présente »[4]. Towa y apporte, quand même, une nuance. Pour lui, aucune révolution n'a totalement sonné le glas

---

[1] M. Towa, *Essai sur la problématique philosophique dans l'Afrique actuelle*, p. 52.

[2] G. Gusdorf, *Mythe et métaphysique*, Paris, Flammarion, 1953.

[3] M. Towa, *Léopold Sédar Senghor : négritude ou servitude ?*, Yaoundé, Clé, 1971.

[4] M. Towa, *Identité et transcendance*, p. 254.

des traditions ancestrales. Par contre, Elle a provoqué leur mutation – Bachelard parle ici de rajeunissement -. Abondant dans le même ordre d'idées, Towa affirme : « La révolution n'abolit pas et ne peut pas abolir le passé, mais seulement la dictature du passé. Par elle, le passé est mis à notre disposition au lieu que nous soyons à la disposition du passé »[1].

À ce niveau, nous appréhendons mieux la conception *njoh-mouelleenne* de la tradition. Elle doit, selon lui, être teintée de mobilité, de dynamisme. Il précise que « la tradition en tant que telle, peut être une condition du progrès… Le traditionalisme vrai est celui qui reste constamment ouvert aux traditions nouvelles. Du passé au présent, il faut un fil conducteur, celui grâce auquel on reconnaîtra toujours l'identité mouvante et changeante »[2]. Par rapport à cette affirmation, nous constatons que loin d'être un discours clos, discours qui se ferme et se referme sur lui-même, la tradition, l'authentique doit être ouverte. Cela voudrait dire qu'elle se doit d'intégrer en permanence de nouvelles valeurs, synonymes de re-formation, re-création. C'est l'urgence d'une philosophie pragmatique.

3- Pour une philosophie pragmatique

Il s'agit ici pour Towa de sonner le glas de la logothéorie et d'exalter la logopraxis. C'est également la thèse de Frantz Fanon. Pour lui, la révolution se fonde sur le dualisme : dire et agir, dans la mesure où « seuls des pays sous-développés dirigés par des élites révolutionnaires issues du peuple peuvent aujourd'hui permettre l'accession des masses sur la scène de l'histoire »[3]. Il s'agit ici pour cet auteur de promouvoir l'exaltation d'un projet théorico-pratique ayant pour téléologie l'autonomie et l'émergence de l'Afrique et non d'exhumer la culture négro-africaine. Une telle culture se manifeste encore dans la théorie de la mémoire qu'on pourrait appeler régressive. Celle- ci est décrite par Fanon comme « la période de retrouvailles et de souvenirs » par lesquels le nègre tente de

---

[1] M. Towa, *Essai sur la problématique philosophique dans l'Afrique actuelle*, p. 48.
[2] E. Njoh Mouelle, *De la médiocrité à l'excellence*, p. 61.
[3] F. Fanon, *Les Damnés de la terre*, Paris, Maspéro, 1966, p. 148.

retrouver le chemin de sa quotidienneté. En clair, pour Fanon, notre philosophie se trouve devant nous, non plus derrière, comme un vieux gisement de mort et qu'on voudrait déterrer, mais comme une entreprise à faire.

Cette idée épouse ce point de vue de Amilcar Cabral : « Pour nous, s'interroge t-il, la façon la plus efficace de critiquer l'impérialisme, quelle que soit sa forme, c'est de prendre les armes et de combattre ? C'est ce que nous sommes en train de faire, et c'est ce que nous ferrons jusqu'à la liquidation totale de la domination étrangère sur nos patries africaines »[1]. Pour Cabral, l'avènement de la révolution africaine est tributaire de la théorie qu'il considère comme le logiciel épistémologique fiable, susceptible d'inciter au pragmatisme. Pour revenir à la philosophie pragmatique, reconnaissons qu'elle est le véritable fleuve idéologico-conceptuel dans lequel la pensée de Towa afflue considérablement. Cette philosophie consiste à inciter les Africains aussi bien à la novation qu'à l'innovation, dans la mesure où, « En retrouvant le sens de la praxis créatrice, le révolutionnaire rejoint tous les créateurs, à commencer par ceux de son propre peuple... Toute grande tradition provient généralement d'une grande révolution »[2]. La philosophie pragmatique ou la logopraxis doit cesser d'être « la pensée de la pensée ». Elle doit véritablement s'enraciner dans le réel, étant donné que ceux qui sont à l'origine de la tradition étaient de grands créateurs. Être fidèle à leur esprit, ce n'est pas se contenter de consommer ce qu'ils nous ont légués, c'est utiliser leurs créations de telle manière que nous puissions nous-mêmes devenir créateurs à notre tour, et ajouter notre contribution au patrimoine de l'humanité. Par-là, nous retrouvons subtilement l'influence de Karl Marx dans la démarche de Towa.

En effet, captivé philosophiquement par le matérialisme historique, Towa a pensé et pense encore que les problématiques de la pensée africaine ne doivent être scrutées que dans un processus évolutif de la réalité sociale qu'elle veut

---

[1] A. Cabral, *Unité et lutte I : L'arme de la théorie*, Paris Maspéro, 1975, p. 283.

[2] M. Towa, *L'idée d'une philosophie négro-africaine*, p. 69.

saisir et modifier[1]. Selon Karl Marx, pour être explicite, la révolution a lieu à partir des conditions d'existence sociale, politique et économique d'un peuple. Cela lui a fait dire que « ce n'est pas la conscience qui détermine la vie, mais c'est la vie qui détermine la conscience »[2].

Ici, Karl Marx s'oppose aux principaux philosophes allemands du XIXe siècle, en particulier Hegel et Feuerbach. Leur philosophie, en effet, n'est qu'une idéologie ; leurs prémisses de départ sont irréalistes. L'extrait qui suit en est une illustration. Marx écrit : « À l'encontre de la philosophie allemande qui descend du ciel sur la terre, c'est de la terre au ciel que l'on monte ici. Autrement dit, on ne part pas de ce que les hommes disent, s'imaginent, se représentent, ni non plus de ce qu'ils sont des paroles, la pensée, l'imagination et la représentation d'autrui, pour aboutir ensuite aux hommes en chair et en os, non, on part des hommes dans leur activité réelle ; c'est à partir de leur processus de vie réel que l'on représente aussi le développement des échos idéologiques de ce processus vital... »[3]. La philosophie marxiste part des bases matérielles de l'activité de l'homme, de son processus de vie réel. Ainsi, de la philosophie spéculative qu'elle était, elle pourra devenir pratique. Délaissant la pure interprétation du monde, elle aidera à le transformer. C'est ce que Karl Marx affirme dans la onzième thèse sur Feuerbach. Pour lui, « les philosophes n'ont fait qu'interpréter le monde de différentes manières, ce qui importe, c'est de le transformer »[4].

Voilà pourquoi, la philosophie qu'il faut à l'Afrique doit être « une philosophie qui soit la saisie critique, la théorie de ce qui est effectif ou en cours de ce que nous sommes et devenons, au sein de ce qui est effectif ou en cours, de ce que nous voulons, la prévision des conditions de réalisation de notre dessein fondamental, des principaux obstacles qui nous séparent de la

---

[1] M. Towa, *Identité et transcendance*, p. 471.
[2] K. Marx, *Idéologie allemande*, Paris, Ed. Sociales, 1976, p. 78.
[3] *Ibid.*, p. 51.
[4] K. Marx, *Thèses sur Feuerbach*, XI, Paris, Editions Sociales, 1968, p. 34.

matière et de les surmonter »[1]. À titre de rappel, c'est dans cette sphère que s'inscrit la philosophie de Kwame Nkrumah. Il a donc eu raison de déduire que « La pratique sans théorie est aveugle ; la théorie sans pratique est vide »[2]. À ce niveau, nous constatons que le discours philosophique est loin d'être un discours creux, abstrait, contemplatif. Il est plutôt une tentative d'élaboration d'un projet sociétal probant. Pour le philosophe ghanéen, il ne saurait y avoir une rupture réelle entre le logos philosophique et le réel. Montrant les mérites conceptuels de cette philosophie, Towa, de manière laudative, déduit : « Le consciencisme du Dr Nkrumah marque l'âge philosophique de l'Afrique moderne »[3].

En substance, nous devons retenir ici qu'au lieu de s'embourber dans des querelles byzantines, les Africains doivent prendre en main leur destin polémique et tragique. Pour Towa, « La solution de nos problèmes ne se trouve pas entre les mains des personnages du monde mythique. Attendre d'eux la réponse à nos interrogations théoriques et à nos hésitations pratiques, c'est fuir le nécessaire effort de réflexion, de pensée personnelle par la discussion et la recherche méthodique »[4]. Cela veut dire que ce n'est pas dans l'adhésion, le suivisme, la répétition moutonnière de nos traditions que le problème du sous-développement sera résolu. Sans vouloir nous reprendre, reconnaissons que cela n'est possible que par la réfutation austère du traditionalisme. Autrement dit, il s'agit d'affranchir la conscience africaine « des chimères, des idées, des dogmes, des êtres imaginaires sous le joug desquels elle s'étiole »[5].C'est la raison pour laquelle, en posant les jalons d'un usage judicieux de la tradition, Fabien Eboussi Boulaga nous réitère que : « La tradition a pour rôle de procurer la condition d'un regard sur le réel, d'une distanciation qui permet la création, qui

---

[1] M. Towa, *L'idée d'une philosophie négro-africaine*, p. 52.

[2] K. Nkrumah, *Le Consciencisme*, Paris, Présence Africaine, 1969, p. 97.

[3] M. Towa, « Conditions d'affirmation d'une pensée philosophique moderne », in *Présence Africaine*, n° 117-118, Paris, 1981, p. 148.

[4] M. Towa, *Identité et transcendance*, p. 392.

[5] *Ibid.*, p. 534.

inspire l'audace de refaire toutes les règles du jeu social sur une base radicalement neuve »[1]. Ce vœu et aveu annoncent inéluctablement l'optimisme technoscientifique de Towa, dans la mesure où « la plus grande différence actuelle entre l'Occident et l'Afrique est celle entre le maître et l'esclave... La différence entre un homme libre et un homme asservi est selon nous, la plus grande différence qui puisse se concevoir entre les êtres humains : c'est la différence entre celui qui exerce le pouvoir d'initiative et de création et celui qui en est privé et qui de ce fait, est ramené à une existence infrahumaine »[2]. La mise au point ci-dessus nous oblige à marquer un temps d'arrêt sur la problématique du syncrétisme culturel et ses implications.

4- Du syncrétisme culturel : un optimisme technoscientifique dévoilé

Le syncrétisme est une réappropriation des valeurs positives de notre tradition et une récupération des valeurs louables de la modernité occidentale. Voilà pourquoi Marcien Towa préconise vivement aux Africains de « s'emparer du "secret" de l'Occident »[3]. Cela « doit consister à connaître à fond la civilisation occidentale, à identifier la raison de sa seule puissance et à l'introduire dans notre propre culture »[4]. Le secret de la civilisation occidentale dont parle l'auteur n'est rien d'autre que la technoscience. Elle est, contextuellement, la voie royale susceptible de permettre aux Africains d'être non seulement puissants, mais aussi autonomes comme le sont aujourd'hui les occidentaux. Montrant le bien-fondé du syncrétisme culturel, Daniel Etounga Manguellé affirme : « En la matière, le tri est devenu urgent... On ne change pas de culture comme on change une chemise. Mais il faut privilégier et développer ce qui doit l'être et renoncer à tout jamais à ce qui nous rend inapte à vivre le monde d'aujourd'hui tel qu'il est et

---

[1] F. Eboussi Boulaga, *op. cit.,* p. 159.
[2] M. Towa, *Identité et transcendance*, p. 606.
[3] M. Towa, *Essai*, p. 40.
[4] *Ibid.*

celui de demain qui frappe déjà à notre porte »[1]. L'auteur, à l'instar de Towa, pense que nous devons secouer l'empire du traditionalisme et nous ouvrir autant que possible à toutes les traditions, à toutes les cultures considérées comme des parangons, afin de saisir les problèmes et les enjeux d'une philosophie africaine de notre temps, car : « ce n'est pas le fait d'être consigné dans la Bible ou dans le Coran, ou bien d'appartenir à la tradition africaine, qui confère de la valeur à une tradition, mais uniquement le fait de répondre à nos besoins et aspirations actuelles, de nous aider, de quelque manière, à affronter nos problèmes actuels, qu'ils soient d'ordre matériel, politique, éthique, théorique ou esthétique »[2]. Nous devons comprendre par-là que chez Towa, les grandes révolutions qui ont bouleversé la planète, et lui ont donné un nouveau visage, sont d'ordre technoscientifique.

La domestication de la science et de la technique évite aux Africains de continuer à être des jouets des temples sacro-saints de la tradition, puisqu'elle jette l'anathème de la spéculation brumeuse, du bavardage desséchant et infécond. Nous nous accordons avec le philosophe congolais Buakassa Tulu Kia Mpansu. Il considère la science comme une discipline opératoire, une pratique intellectuelle vraiment rationnelle, à savoir, l'émergence progressive de la rationalité. Pour lui, « La rationalité scientifique assure aujourd'hui de façon incontestable, le résultat de l'action, rend celle-ci efficace, permettant à la fois, suivant un principe économique, la maximisation de l'utilité et la minimisation des coûts. Donc, la science par son efficacité, ouvre à l'action humaine les possibilités immenses, jusque-là insoupçonnées »[3]. La technoscience, eu égard à ce que nous venons de dire, est un discours peint de réalisme, d'opérationnalité. Descartes avait eu

---

[1] D. Etounga Menguellé, *L'Afrique a-t-elle besoin d'un programme d'ajustement culturel ?*, Paris, Ed. Les Nouvelles du Sud, 1993, p. 22.

[2] M. Towa, « Conflits entre traditionalismes : recherche d'une solution », pp. 30-36.

[3] Buakassa Tulu Kia Mpansu, « Les sciences de l'homme, approche de deux problèmes », in *Philosophie africaine*, Kinshasa, 1977, pp. 89-102.

raison de mettre sur pied une philosophie pratique pour se détacher de la prétentieuse érudition scolastique jusque-là inapte et inadaptée aux préoccupations pressantes de l'humanité. D'après ce philosophe, la technoscience est un moyen idoine par lequel l'être humain doit aussi bien modeler que dompter le réel. La technoscience est un impératif pour le développement d'une nation. Dans ce cas, « nos peuples ne sortiront pas de la pauvreté et du sous-développement tant qu'ils ne maîtriseront pas la civilisation industrielle »[1]. Pour l'illustrer, écoutons derechef Towa. Pour lui, « un pays est développé s'il maîtrise la civilisation industrielle définie dans ses trois dimensions scientifique, technologique et managériale. Il est sous-développé dans le cas contraire : pas de science, pas de technologie, pas de management, pas de recherche ou si peu, mépris et marginalisation des savants, des techniciens et des intellectuels en général »[2]. Il faut dire que le monde européen reste une boussole pour le philosophe camerounais. Lisons attentivement ce qui suit : « Depuis que l'Europe a opéré la révolution industrielle et s'est assuré, grâce à l'énorme puissance matérielle qu'elle en tirait, la domination sur le reste du monde, les nations non européennes n'ont plus qu'une alternative : ou bien réaliser à leur tour la révolution industrielle, préalablement à toute autre considération, pour secouer le joug de la domination, soit pour des raisons morales, se résigner à disparaître de l'histoire. L'industrialisation intense et accélérée apparaît comme un préalable à tout épanouissement national »[3]. À la suite de ce qui précède, Charles Romain Mbele, n'a pas pu se taire. Pour serrer de près cette affirmation, il soutient que la *technoscientifisation* du monde « naît du désir de s'élever au niveau de la dimension intérieure de la conscience africaine issue d'une longue tradition de résistance à

---

[1] M. Towa, « Identité et identification », in *Construction identitaire en Afrique*, Yaoundé, Clé, 2006, p. 48.

[2] M. Towa, *Valeurs culturelles et développement*, Yaoundé, Ama C.E.N.C, 2001, p. 57.

[3] M. Towa, « La fonction normale de l'école dans la nation », in *Abbia*, mai 1963, p. 80.

l'impérialisme européen »[1]. Comme l'impose le rituel méthodologique, soumettons néanmoins à la sanction philosophique, cet optimisme technoscientifique.

III- Du pessimisme technoscientifique à l'exaltation artistique

1- Quelques dérives de la technoscience

Towa a oublié que la technoscience n'a pas seulement fait des merveilles. Elle a été et est aussi instigatrice de bien de malheurs pour l'humanité. Par sa puissance et à son émancipation, l'existence humaine a considérablement été aliénée. Nous voulons tout simplement souligner non seulement la fabrication d'un type d'homme voulu ou l'industrie biologique, la procréation médicalement assistée, les organismes génétiquement modifiés, mais aussi le clonage, les phénomènes à la fois d'autodestruction, d'automutilation et l'euthanasie, pour ne citer que ceux-là, ont, tout au moins à forte amplitude, bestialisé et désacralisé la vie.

Or, pour Kant[2], les êtres raisonnables sont appelés des personnes parce que leur nature les désigne déjà comme des fins en soi, autrement dit, comme quelque chose qui ne peut être employé simplement comme moyen, quelque chose qui par la suite limite d'autant toute faculté d'agir comme bon nous semble. Ce ne sont pas là des fins simplement subjectives, dont l'existence, comme effet de notre action, a une valeur pour nous; ce sont des fins objectives, c'est-à-dire des choses dont l'existence est une fin en soi, et même une fin telle qu'elle ne peut être remplacée par aucune autre, au service de laquelle les fins objectives devraient se mettre, simplement comme moyens. Sans cela, en effet, on ne pourrait jamais rien trouver qui eût une valeur absolue. Mais si toute valeur était inconditionnelle, et par suite contingente, il serait complètement impossible de

---

[1] C.R. Mbele, « Marcien Towa : L'idée d'Europe et nous », in *Philosophes du Cameroun* de Ebenezer Njoh Mouelle, Yaoundé, P.U.Y, 2006, p. 152.

[2] E. Kant, *Fondements de la métaphysique des mœurs*, Paris, Gallimard, 1987.

trouver pour la raison un principe pratique suprême. S'il doit y avoir un principe pratique suprême, et au regard de la volonté humaine un impératif catégorique, il faut qu'il soit tel que, par la représentation de ce qui, étant une fin en soi, est nécessairement une fin pour tout homme, il constitue un principe objectif de la volonté, que par conséquent, il puisse servir de loi pratique universelle. Malheureusement, au lieu de faire de la personne une fin en soi comme le préconise Kant, la technoscience en fait plutôt un moyen, un objet manipulable et à manipuler indéfiniment. Et là, c'est la dignité humaine qui en prend un coup. C'est ce qu'André-Liboire Tsala Mbani reconnaît. Fermement, il écrit : « La notion de dignité, pour ne parler que d'elle, mérite amplement d'être inscrite parmi les principes éthiques fondamentaux et universels... La dignité de la personne humaine réside dans sa nature bio-spirituelle, c'est-à-dire sa nature d'être spirituel incarné, doué de raison et libre. La dignité signifie que la personne est au-dessus de toute estimation, de tout prix et ne doit, dans aucun cas, être réduite à un instrument »[1].

C'est ce terrorisme technoscientifique que nous dénonçons, en emboîtant le pas à Edgar Morin. Sous sa plume, nous lisons : « Nous sommes condamnés en bioéthique à des compromis arbitraires et provisoires. Il faut être tout à fait conscient du caractère arbitraire qu'il y a à décider qu'une personne humaine existe à trois mois, six mois, la naissance, l'œuf, etc. Nous devons être conscients de tous ces problèmes antagonistes et être conscients du fait que nous faisons des paris risqués »[2]. À en croire ce qui précède, il est urgent de réintroduire dans le spectre de l'univers technoscientifique, des interpellations fermes à ses finalités. Ebenezer Njoh Mouelle l'a si bien compris lorsqu'il précise qu'« il est regrettable de constater que la Science a déjà fait du tort à l'humanité de diverses manières : bombes atomiques, guerres météorologiques voilées, armes bactériologiques et chimiques, contrôle de la pensée des

---

[1] A-L., Tsala Mbani, *Biotechnologie et nature humaine. Vers un terrorisme ontologique ?*, Paris, L'Harmattan, 2007, pp. 32-33.
[2] E. Morin, *Science avec conscience*, Paris, Fayard, p. 122.

gens »[1]. Il n'est pas plus assurant et rassurant de la laisser, en toute quiétude, voguer en pleine dérive, parce que « le progrès scientifique produit autant de potentialités asservissantes ou mortelles que de potentialités bénéfiques. Depuis le déjà très lointain Hiroshima, nous savons que, même pacifique, elle comporte des dangers, non seulement biologiques, mais aussi ou surtout sociaux et politiques »[2]. La technoscience constitue, pour l'être humain et même l'humanité, une énorme menace. Elle pose, malgré ses bienfaits, des sérieux problèmes éthico-axiologiques. Pius Ondoua nous le fait remarquer en ces termes : « C'est précisément de l'ambivalence (réel/possible) de la technoscience conquérante et triomphante que sont nés les problèmes de la libération aussi bien que de l'asservissement et même de l'anéantissement potentiel de l'humanité »[3].

En clair, si Towa, à titre de rappel, fait de la technoscience la bienfaitrice de l'Afrique, il a quelque peu le réflexe du positivisme absorbant qui a longtemps fait pignon sur rue au XIXe siècle. En nous appuyant sur les propos de Jean-Godefroy Bidima[4], on surprend chez lui une attitude bizarre se traduisant par la suspension de l'esprit critique. Tout se passe comme si la réflexion critique qui l'anime s'arrêtait au seuil de la science – comme le croyant au bord du sanctuaire –. Après avoir critiqué l'ethnophilosophie, les discours hypostasiant des Africanisants, Towa, nous le constatons, se tait quand il s'agit de la technoscience qui sauve des impérialismes et des obscurantismes. Il y a un glissement d'une attitude critique à une attitude de foi. Son discours sur la technoscience est celui de l'idéologie dominante qui, pour mieux capter, saisit chaque objet en la coupant de la réalité de ses contradictions. L'analyse supra nous amène à déduire, en nous accordant avec l'auteur de la *Philosophie négro-africaine*, qu'il faut concevoir la technoscience en Afrique non comme la seule planche de salut,

[1] E. Njoh Mouelle, *La philosophie est-elle inutile ?*, Yaoundé, Ed. Clé, 2002, pp. 41, 42.
[2] E. Morin, *op. cit.*, p. 120.
[3] P. Ondoua, *Développement technoscientifique, défis actuels et perspectives*, Paris, L'Harmattan, 2010, pp. 15-16.
[4] J.-G. Bidima, *La philosophie négro-africaine*, p. 99.

mais comme une instance en devenir. Ce qui implique ses rapports avec le désir des sujets. Sidiki Diakité qui scrute la violence technologique en Afrique se cantonne dans les ravages de la technoscience sur la nature et le milieu humain. Il écrit à cet effet : « Rien n'est dit sur la technoscience comme objet du désir, rien n'est dit sur les idéologèmes engendrés par cette rationalité, rien n'est dit sur la présentation unilinéaire et anticontradictoire de la science en Afrique… »[1].

Pour dissiper le pessimisme technoscientifique de Diakité, Charles Ossah Eboto suggère la pensée de la rationalité africaine sur la base de notre histoire et de notre anthropologie. Il écrit : « La mise en place d'une rationalité endogène ouverte et dynamique peut permettre aux cultures africaines d'intégrer la rationalité scientifique, de se renouveler et de se recréer en permanence »[2]. Pour le philosophe camerounais, la faillite des différents modèles de développement en Afrique incite à adopter une attitude de mobilisation qui reconnaît aux populations la liberté d'inventer la forme et la voie de leur développement à partir de leurs imaginaires collectifs, des logiques et des savoirs traditionnels. Voilà pourquoi, poursuit Charles Ossah Eboto : « La rupture entre l'homme et ses différentes composantes anthropologiques et culturelles donne lieu à une dérationalisation des sociétés africaines qui voient leurs systèmes de rationalité démantelés par la rationalité fonctionnelle et instrumentale. La crise de la rationalité qui s'ensuit se traduit par une coexistence conflictuelle entre la rationalité occidentale intériorisée d'une manière mécanique par les intellectuels et les résidus à la rationalité endogène que pratique une frange importante de la population »[3]. Ce constat

---

[1]S. Diakité, *Violence technologique et développement*, Paris, L'Harmattan, 1985.

[2]C. Ossah Eboto, « Postmodernité, mondialisation et philosophie africaine », in *Cahier de l'UCAC*, n° 06, La mondialisation : quel humanisme ?, Paris, Karthala, 2002, p. 41.

[3]C. Ossah Eboto, « La critique de la modernité dans la philosophie contemporaine », in *Kaliao*, Revue pluridisciplinaire de l'E.N.S. de Maroua, volume 4, n° 8, juin 2012.

nous oblige à examiner les risques de la pauvreté mentale dans le processus de développement.

2- Et le développement psycho-ontologique alors ?

À examiner de près la pensée de Towa, nous constatons que son projet de développement repose sur un levier technoscientifique au sens de Galilée, Descartes et Bacon. Mais, une telle conception du développement est partielle et partiale, et prête à équivoque. Autrement dit, l'appropriation du secret de l'Occident à laquelle fait allusion Towa pose problème et devient par conséquent problématique chez Ebenezer Njoh Mouelle. Pour lui, « c'est une lamentable façon d'envisager le développement de l'instrument intellectuel et technologique dans nos régions que de parler encore en termes de revendication de ce que les "autres" devraient nous céder : "le transfert des technologies". La véritable richesse naturelle d'un pays, c'est son aptitude intellectuelle à transformer et à exploiter les richesses de son sous-sol »[1].

L'auteur voudrait nous faire savoir que si l'Africain demeure non seulement un pauvre homme, mais aussi un sous-homme, la technoscience qu'il doit acquérir s'apparente à une utopie, parce qu'il ne saura pas en faire bon usage. C'est davantage ici du sous-développement intellectuel qu'il est question. L'extrait ci-après nous le prouve : « L'homme de l'Afrique sous-développé n'est peut-être plus cet homme qui ne se sait pas pauvre ; mieux, il se bat quotidiennement contre sa pauvreté. Mais, dans une grande échelle, il reste un homme ignorant. Le bien-être et l'enrichissement qu'il recherche à l'exemple des pays développés, ne sont pas toujours des notions claires à son propre entendement. C'est un homme qui risque de travailler contre lui-même à la longue »[2]. Pour Ebenezer Njoh Mouelle, le sous-développement mental est la véritable plaie dont souffrent bien des Africains. Ceux-ci, parce que psychologiquement chauves, dilatés et frelatés, s'enlisent aussi bien dans le

[1] E. Njoh Mouelle, *Considération actuelles sur l'Afrique*, Yaoundé, Clé, 1983, p. 50.
[2] E. Njoh Mouelle, *De la médiocrité à l'excellence*, p. 24.

bricolage, l'improvisation, la navigation à vue[1] que dans le fétichisme et le charlatanisme. Dans cet ordre d'idées, rien n'est plus rationnellement explicable, démontrable, soutenable. À chaque phénomène, évènement ou situation scientifiquement possibles, justifiés et justifiables se greffent des causes et explications hors du commun, c'est-à-dire irrationnelles. Dès lors, le logique devient illogique, le réel se substitue à l'irréel, le possible s'érige en impossible. Cette idée est exprimée en ces termes : « Le spectacle le plus affligeant en situation du sous-développement, c'est celui de l'irrationalité dans le comportement de l'homme. À Douala, on meurt rarement de mort naturelle et la maladie elle-même ne nous vient point par le microbe, par exemple ; c'est le résultat de la malveillance d'une tierce personne. La crise cardiaque est un phénomène inacceptable ; on lui préfère l'explication par la foudre nocturne et occulte déchaînée par un oncle, un frère qu'on dit détenir le "pouvoir de la foudre". Un épanchement de synovie au genou n'est jamais un épanchement de synovie ; c'est parce que vous aurez piétiné un "gris-gris" déposé sur votre chemin et spécialement pour vous qu'un beau jour vous avez mal au genou »[2]. Cette affirmation prouve à suffisance que l'homme de l'Afrique sous-développée est éthiquement affaissé, voire étranglé, pour parler comme René Dumont. Ses archives cérébrales ou ses grilles d'intelligibilité sont en crise. À en croire Ebenezer Njoh Mouelle, « le sous-développement de l'avoir n'est pas l'essentiel ; le véritable sous-développement est celui de l'être en tant que tel. Un être sous-développé n'est pas un être qui n'a pas ceci, qui n'a pas cela, qui manque de ceci, qui est privé de cela…, un être sous-développé est d'abord un être en quelque sorte atrophié »[3].

Nous retenons que pour l'auteur ci-dessus, le développement est d'abord ontologique, puisque « ce qui importe dans tout processus d'enrichissement comme dans tout processus de

---

[1] A. Kabou, *Et si l'Afrique refusait le développement*, Paris, L'Harmattan, 1991.

[2] E. Njoh Mouelle, *De la médiocrité à l'excellence*, p. 30.

[3] *Ibid.*, p. 169.

transformation du monde, c'est la réalisation de soi »[1]. Il s'agit de l'exaltation de « l'éthique de l'excellence de l'homme » qui butte à bien d'écueils à l'instar du matérialisme. Il est « si harcelant qu'il ne laisse pas souvent le loisir de s'intéresser à son être intérieur »[2]. D'après ce qui vient d'être dit, le développement, au lieu d'être quantitatif, doit d'abord être qualificatif. C'est à ce niveau que surgit le bien-fondé de l'art.

3- Du pourquoi de l'art

Ce n'est pas en se réfugiant dans le mimétisme technoscientifique ni en s'y abandonnant totalement à tout prix et à tous les prix que l'Afrique peut sortir de la « raque de l'histoire »[3] et par la suite se développer. Ce processus peut aussi passer par l'art. Pour nous le démontrer, référons-nous à Ebenezer Njoh Mouelle. Il écrit : « Il faut donc que la bataille du développement puisse garantir la pérennité de ce type d'homme en Afrique, l'artiste ou le créateur. Il s'agit bien de garantir sa pérennité car l'Africain, tout le monde l'a dit, est l'être qui a constamment associé l'art à ses activités diverses de production »[4]. à travers ce qui précède, l'auteur veut nous démontrer que l'artiste, le vrai est celui qui sonne le tocsin non seulement de l'inertie, du culte du moindre effort, de la répétition, mais aussi de l'imaginaire, de l'occultisme, du charlatanisme, bref des vestiges de l'irrationnel. Contrairement à la civilisation de la gratuité, l'art est conception, imagination, innovation, transformation et originalité. Cela conduit certainement à un modus vivendi moins déprimant. En clair, c'est donc le « surhomme ou le héros artistique », vecteur de l'action autonome qui peut amener les Africains à s'affranchir de l'aliénation techniciste. Cette lueur d'espoir est exprimée en

---

[1]E. Njoh Mouelle, *Développer la richesse humaine*, Yaoundé, Éditions du Mont-Cameroun, 1988, p. 11.

[2]B-J. Fouda, « Personnalité africaine et émergence technologique », in *La philosophie à l'ère du soupçon : le cas Towa*, Yaoundé, Le Flambeau, 1980, p. 95.

[3] M. Towa, *Essai sur la problématique philosophique dans l'Afrique actuelle*, p. 39.

[4] E. Njoh Mouelle, *De la médiocrité à l'excellence*. p. 144.

ces termes : « À la formation scientifique de l'homme de l'Afrique moderne, il faudra par conséquent associer une solide éducation artistique si on tient à éviter la fabrication de marionnettes et de robots humains »[1].

C'est justement pourquoi Jean-Godefroy Bidima a trouvé indispensable d'affranchir l'art africain de son autrefois désastreux qui le réduisait spécifiquement à un art tantôt populiste, réductionniste, fixiste ; tantôt caricatural, impérialiste, religieux, dogmatique et même conservateur. L'extrait ci-après en est une illustration : « La présentation de l'histoire de l'art africain doit être réécrite du point de l'in-signifiance, de ceux qu'on ne voit pas, de ce qui a été sublimé et refoulé »[2]. Pour résoudre cette question et en empruntant à l'approche heuristique, Bidima suggère d'abord une scission holistique avec les fables épiques de l'Afrique moderne, plus précisément la fable de la négritude et préconise par la suite qu'on revienne à l'art de la culture opprimée et marginalisée que les assujettis et autres bannis ont réalisé, en dehors du champ de la culture dominante pour la questionner, relativiser. En clair, le procès que Towa fait à la tradition est loin d'être superfétatoire.

4- Non à l'assimilationnisme

Marcien Towa est ce philosophe qui, à n'en point douter, promeut l'authenticité culturelle, c'est-à-dire le refus et la fuite prononcés de l'assimilationnisme. À ce sujet, il relève que « Dans nos pays, la civilisation industrielle et la culture européenne furent introduites à la faveur de la domination coloniale. Le choc avec nos cultures fut d'autant plus brutal que nos traditions étaient fort éloignées de celles des colons et des missionnaires. Une idéologie visant l'élimination de nos cultures fut élaborée par les occupants sous le nom d'assimilationnisme »[3]. Dans ce passage, l'auteur veut nous démontrer que nous devons objectivement sonner le tocsin de

---

[1] *Ibid.*, p. 151.
[2] J-G. Bidima, *L'art négro-africain*, Paris, P.U.F., 1997, p. 99.
[3] M. Towa, *Brochure sur l'exposition du Livre Beti du 27 au 28 juin 2006*, p. 5.

l'aliénation et même de l'occidentalisme sous toutes ses formes, afin de ne pas nous égarer. Cette analyse est partagée par Ebenezer Njoh Mouelle. Il écrit à ce propos ceci : « Il serait désastreux pour un peuple comme pour une personne individuelle de vivre strictement dans le plus complet oubli du passé. Il y a une valeur dans la tradition en tant que telle ; c'est la sauvegarde de l'unité de caractère sans laquelle le peuple tout comme l'individu n'auraient de personnalité identifiable »[1].

À la suite de ce qui précède, nous comprenons que nous devons exalter et célébrer nos valeurs traditionnelles susceptibles de promouvoir notre développement exhaustif. Cette sauvegarde de notre identité ne devrait pas se poser en termes de renfermement, mais plutôt d'ouverture au monde. Comme le déclare Cheikh Hamidou Kane : « L'ère des destinées singulières est révolue. Dans ce sens, la fin du monde est bien arrivée pour chacun de nous, car nul ne peut plus vivre de la seule préservation de soi »[2]. Ces dires nous amènent à déduire que dans un monde en pleine mutation, toute vie en autarcie est devenue impossible. L'émergence des sociétés africaines exige donc de nouvelles attitudes, de nouvelles manières d'agir et de réagir, d'importantes réformes culturelles. Ce projet, pour être réalisé, doit passer par l'éducation, dans la mesure où elle affranchit l'Africain des traditions rétrogrades. Cela a fait dire à Towa que « L'ennemi ce n'est pas seulement l'envahisseur étranger, mais également, dans nos sociétés, toutes les forces (hommes, institutions, structures sociales, coutumes) qui ont été et sont encore ses complices »[3].

Pour revenir à l'éducation, il faut préciser qu'elle permet de lutter sérieusement contre le dogmatisme, le suivisme, le conformisme et génère des comportements qui prennent appui sur aussi bien la rationalité, l'esprit critique que le discernement. Dans cet ordre d'idées, le passé ne saurait représenter véritablement un obstacle au présent. Au contraire,

---

[1]E. Njoh Mouelle, *De la médiocrité à l'excellence*, p. 61.
[2]Cheikh Hamidou Kane, *L'Aventure ambiguë*, Paris, Julliard, 1961, p. 92.
[3]M. Towa, *L'Idée d'une philosophie négro-africaine*, p. 54.

il devrait inciter l'Africain « à se faire l'artisan actif de la culture et de la tradition à léguer aux générations futures »[1]. Cela suppose que la tradition est continuité et non discontinuité.

5- Vers une épistémocritique féconde

L'essentiel pour Marcien Towa, c'est – comme nous l'avons dit en prélude de notre analyse – de promouvoir l'émancipation réelle de l'Afrique. Pour y arriver, il estime qu'il est urgent de panser les plaies tant de la domination que de l'asservissement et de ses avatars. Il est question pour le philosophe camerounais de dénoncer non seulement le ghetto dans lequel l'Afrique se trouve, mais aussi l'aliénation sous toutes ses formes. C'est bien cela le bien-fondé de l'écriture. Elle intervient là où la parole est inefficace. C'est grâce à elle qu'une pensée qui existait de manière virtuelle commence à exister de façon réelle. L'écriture fixe et objective la pensée. Et Hubert Mono Ndjana de renchérir : « L'écriture assure le rôle de siège et de véhicule de la science »[2]. D'après ce qui précède, nous constatons que Towa a le mérite de désillusionner ceux des Africains qui pensent encore que le développement de l'Afrique passe par le baptême de l'impérialisme et la glorification béate de notre jadis, parce que la tradition ne donne pas un contenu à l'homme. Elle ne le définit pas au point de fonder son essence, c'est plutôt l'inverse. L'homme doit être placé au-dessus de nos traditions. Dans cette perspective, les philosophes africains doivent honnêtement sonner le tocsin du « concordisme » ainsi que de « l'apologétique des virtualités » qui constituent leur manière de philosopher- Il s'agit ici des philosophes de la tendance ethnophilosophique -. Ce point de vue bat en brèche celui des auxiliaires et vigiles de la tradition qui se sont routinement abrités dans les geôles de l'absolutisme. Un tel constat conduit à ce que Lucien Ayissi appelle : « la déflation de la raison dont la conséquence immédiate est l'inflation de l'imagination. La déflation et l'inflation respectives de la raison et de l'imagination ont lieu lorsque la raison… désespère de pouvoir

---

[1]E. Bebbe Njoh, *Mentalité africaine et problématique du développement*, Paris, L'Harmattan, 2004, p. 199.

[2] H. Mono Ndjana, *op. cit.,* p. 72.

élaborer des concepts philosophiquement pertinents et cherche l'asile dans la fiction »[1]. Philosopher, c'est donc s'investir rationnellement en prenant rigoureusement position. Abondant dans la même optique, Towa écrit : « J'ai dit que la philosophie en général repose essentiellement sur la raison et sur la valorisation de la raison »[2]. Exalter la raison selon lui, c'est amener les Africains à une prise de distance par rapport à un truisme donné. Le philosophe, dans ce sillage, ne saurait se soumettre dogmatiquement à une quelconque tradition. Bien au contraire, il est appelé à y jeter un regard hautement critique ; une manière pour lui, comme le préconise Kant, de se servir à bon escient de son entendement. C'est justement pourquoi, en revenant sur la conception kantienne des lumières, Kunzman nous précise ceci : « Les lumières sont la sortie de l'homme hors de l'état de tutelle dont il est lui-même responsable. L'état de tutelle est l'incapacité à se servir de son entendement sans la conduite d'un autre »[3].

La tonalité critique de Towa est donc conceptuellement et idéologiquement fertile au point où Nkolo Foé a déduit que pour lui, « Le destin de la raison dans le monde noir était inséparable de l'utopie politico-culturelle d'une Afrique moderne, puissante au point de vue scientifique et technologique, et autocentré au point de vue culturel et politique »[4]. Pour Towa, la science et la technique à domestiquer sont loin d'être des recettes irréversibles. Leur domestication se fonde sur un impératif, celui de la révolution radicale de nos cultures dans l'optique de dissiper tout ce qui a contribué à notre retard. C'est à ce niveau qu'apparaît clairement l'orientation qu'il donne au développement, parce qu'à titre de rappel, martèle-t-il : « La philosophie des lumières articula plus explicitement ses critiques contre le monde

---

[1] L. Ayissi, *op. cit.*, p. 25.

[2] M. Towa, « La philosophie africaine comme contribution à la dialectique de la libération », p. 80.

[3] P. Kunzman, *Atlas de la philosophie*, Paris, Éditions du Club de France Loisirs, Paris, 1993, p. 11.

[4] Nkolo Foé, « Pour Marcien Towa ou l'éloge de la raison vivante », in *Philosophie du Cameroun*, p. 207.

traditionnel, contre ses croyances taxées de superstitions, d'infâmes, contre son absolutisme politique, contre les privilèges de la noblesse. En même temps, elle posait les fondements du monde nouveau, celui de la civilisation industrielle : la raison, la science utile, soucieuse d'application technique, la liberté, l'égalité, les droits de l'homme, etc. »[1]. Par là, l'auteur démontre que c'est à la pensée pensante que revient le droit, la direction de l'humanité, car « ... les traditions africaines n'apportent positivement rien à l'Afrique d'aujourd'hui »[2], dit Robert Ndebi Biya. Pour lui, l'authenticité suppose la reconnaissance de son africanité sans le rejet de la science et de la technologie.

En fin de compte, nous prenons le risque de dire que Towa s'apparente à ce philosophe qui observe, s'inquiète, s'étonne, dénonce, questionne, déconstruit et reconstruit. Par là, il souhaite, comme les autres philosophes pragmatico-optimistes cités dans une section de notre travail, un demain et un lendemain meilleurs pour la philosophie africaine. Il le précise en ces termes : « La philosophie africaine telle que je l'entends, c'est le souci d'aborder les problèmes essentiels du point de vue de la pensée, de les traiter, de les examiner et puis de faire des affirmations, d'énoncer des propositions qu'on assume parce qu'on les croit vraies »[3].

Le projet philosophique de Towa s'inscrit dans le dessein de tracer la frontière qui sépare la philosophie de la non-philosophie, le philosophe du non-philosophe, l'intellectuel de l'ignorant. Aussi faut-il dire, d'après ce qui précède, que le philosophe, c'est celui qui va chercher la vérité au fond des choses, c'est-à-dire dans leur essence, et qui ne se contente pas de leur description. Contrairement aux adeptes du traditionalisme, le philosophe n'est pas un homme des surfaces;

---

[1] M. Towa, *Valeurs culturelles et développement*, p. 18.

[2] R. Ndebi Biya, *L'Être comme génération*, Strasbourg, CERI, 1986, p. 36.

[3] M. Towa, « La philosophie africaine comme contribution à la dialectique de la libération », p. 82.

il ne négocie pas, il parle, il n'amadoue pas, il convainc. C'est un homme des profondeurs.

Conclusion

Il s'est agi dans ce travail de soumettre à la sanction philosophique, la conception absolutiste de la tradition. Pour le faire, nous avons d'abord trouvé opportun de procéder à la clarification des concepts, à la foi, de philosophie et de tradition. Après cette séquence, nous avons abouti à ceci que la philosophie est incontestablement un concept critique, alors, on peut s'en servir pour invalider la tradition en tant que forme de servitude. Ensuite, nous avons marqué un temps d'arrêt sur certains éléments de la tradition qui remplissent objectivement aussi bien des critères philosophiques que les réelles motivations qui ont amené Towa à opter pour une philosophie pragmatique. Pour que cette philosophie de l'action soit effective, nous, Africains, devons sèchement rompre avec, non seulement, la navigation à vue, le bricolage, mais aussi avec le déficit rationnel. Ces deux derniers aspects, à coup sûr, feront en sorte que l'appropriation du secret technoartistique ne puisse plus être un slogan accompagné d'un paresseux décisionnisme.

Bibliographie indicative

AYISSI, Lucien, *Le phénoménisme humien comme prolégomènes à la philosophie transcendantale de Kant*, Yaoundé, P.U.Y., 2003.

BACHELARD, Gaston, *La formation de l'esprit scientifique*, Paris, PUF, 1938.

BACON, Francis, *Novum organum*, traduction de Michel Malherbe et J.-M. Pousseur, Paris, P.U.F., 1986, p. 110.

BEBBE NJOH, Etienne, *Mentalité africaine et problématique du développement*, Paris, L'Harmattan, 2004.

BIDIMA, Jean-Godefroy, *La philosophie négro-africaine*, Collection Que-sais-je ?, Paris, P.U.F., 1995.

BIDIMA, Jean-Godefroy, *L'art négro-africain*, Paris, P.U.F., 1997.

BUAKASSA TULU KIA MPANSU, « Les sciences de l'homme, approche de deux problèmes », in *Philosophie africaine*, Kinshasa, 1977.

CABRAL, Amilcar, *Unité et lutte I : L'arme de la théorie*, Paris, Maspero, 1975.

DIAKITÉ, SIDIKI, *Violence technologique et développement*, Paris, L'Harmattan, 1985.

EBOUSSI BOULAGA, Fabien, *La crise du Muntu, Paris*, Présence Africaine, 1977.

ETOUNGA MANGUELLE, Daniel, *L'Afrique a-t-elle besoin d'un programme d'ajustement culturel ?*, Ed. Les Nouvelles du Sud, 1993.

FANON, Frantz, *Les Damnés de la terre*, Paris, Maspero, 1966.

FOUDA, Basile-Juléat, « Personnalité africaine et émergence technologique », in *La philosophie à l'ère du soupçon : le cas Towa*, Yaoundé, Le Flambeau, 1980.

GUSDORF, Georges, *Mythe et métaphysique*, Paris, Flammarion, 1953.

HEGEL, Georg, Wilhelm, Friedrich, *Leçons sur l'histoire de la philosophie*, Paris, P.U.F., 1938.

HEGEL, Georg, Wilhelm, Friedrich, *Phénoménologie de l'esprit*, traduction J. Hyppolite, Paris, Aubier Montaigne, 1983.

HOUNTONDJI, Paulin, *Sur « la philosophie africaine »*, Paris, Maspero, 1977.

KAGAME, Alexis, *La philosophie bantou-rwandaise de l'être*, Paris, Présence Africaine, 1976.
KANE, CHEIKH HAMIDOU, *L'aventure ambiguë*, Paris, Julliard, 1961.
KANT, Emmanuel, *Logique*, Trad. Louis Guillermit, Paris, Vrin, 1966.
KANT, Emmanuel, *Fondements de la métaphysique des mœurs*, Paris, Gallimard, 1987.
KUNZMAN, Peter, *Atlas de la philosophie*, Paris, Éditions du Club France Loisirs, 1993.
MARX, Karl, *Thèses sur Feuerbach*, Paris, Éditions Sociales, 1968.
MARX, Karl, *Idéologie allemande*, Paris, Ed. Sociales, 1976.
MBELE, Charles Romain, « Marcien Towa : L'idée d'Europe et nous », in *Philosophes du Cameroun* de Njoh Mouelle, Ebenezer, Yaoundé, P.U.Y, 2006.
MBONDA, Ernest-Marie, *La philosophie africaine, hier et aujourd'hui*, Paris, L'Harmattan, 2013.
MONO NDJANA, Hubert, *Paradoxes, Essais sur les contradictions du sens commun*, Éditions Objectif, Yaoundé, 1981.
MORIN, Edgar, *Science avec conscience*, Paris, Fayard, 1982.
NDEBI BIYA, Robert et KENMOGNE, Émile, *Pierre Meinrad Hebga. Philosophie et anthropologie*, Paris, L'Harmattan, 2000.
NDEBI BIYA, Robert, *L'Être comme génération*, Strasbourg, CERI, 1986.
NIETZSCHE, Friedric, *Ainsi parlait Zarathoustra*, traduction Geneviève Bianquis, Paris, Aubier, 1951.
NJOH MOUELLE, Ebenezer, *Considérations actuelles sur l'Afrique*, Yaoundé, Clé, 1983.
NJOH MOUELLE, Ebenezer, *Développer la richesse humaine*, Yaoundé, Éditions du Mont-Cameroun, 1988.
NJOH MOUELLE, Ebenezer, *De la médiocrité à l'excellence (Essai sur la signification humaine du développement)*, Yaoundé, Ed. Clé, 1998.
NJOH MOUELLE, Ebenezer, *La philosophie est-elle inutile ?*, Yaoundé, Ed. Clé, 2002.

NKOLO FOE, « Pour Marcien Towa ou l'éloge de la raison vivante », in *Philosophes du Cameroun* de Njoh Mouelle, Ebenezer, Yaoundé, P.U.Y., 2006.
NKRUMAH, KWAME, *Le Consciencisme*, Paris, Présence Africaine, 1969.
ONDOUA, Pius, « Existence et authenticité chez P.M. Hebga. Éloge de la philosophie complexe », in *Philosophie et anthropologie* de Ndebi Biya, Robert et Kenmogne, Émile, Paris, L'Harmattan, 2000.
ONDOUA, Pius, *Développement technoscientifique, défis actuels et perspectives*, Paris, L'Harmattan, 2010.
OSSAH EBOTO, Charles, « Postmodernité, mondialisation et philosophie africaine », in *Cahier de l'UCAC*, N° 06, *La mondialisation : quel humanisme ?*, Paris, Karthala, 2002.
OSSAH EBOTO, Charles, « La critique de la modernité dans la philosophie contemporaine », in *Kaliao*, Revue pluridisciplinaire de l'E.N.S. de Maroua, volume 4, N° 8, juin 2012.
TEMPELS, Placide, *La philosophie bantoue*, Paris, Présence Africaine, 1961.
TOWA, Marcien, *Léopold Sédar Senghor : négritude ou servitude ?*, Yaoundé, Clé, 1971.
TOWA, Marcien, *Identité et transcendance*, Thèse de Doctorat d'État, Nanterre, 1977.
TOWA, Marcien, *L'idée d'une philosophie négro-africaine*, Yaoundé, Ed. Clé, 1979.
TOWA, Marcien, *Essai sur la problématique philosophique dans l'Afrique actuelle* (édition rééditée), Yaoundé, Ed. Clé, 2000.
TOWA, Marcien, *Valeurs culturelles et développement*, Yaoundé, Ama CENC, 2001.
TOWA, Marcien, « La fonction normale de l'école dans la nation », in *Abbia*, mai 1963.
TOWA, Marcien, « Conditions d'affirmation d'une pensée philosophique africaine moderne, in *Présence Africaine*, n° 117-118, Paris, 1981.
TOWA, Marcien, « Conflits entre traditionalismes : recherche d'une solution », in *Recherche, pédagogie et culture*, n° 56, janvier-mars, vol. IX, 1982.

TOWA, Marcien, « Identité et identification », in *Construction identitaire en Afrique*, Yaoundé, Clé, 2006.
TOWA, Marcien, *Brochure sur l'exposition du Livre Beti* du 27 au 28 juin 2006.
TOWA, Marcien, « La philosophie africaine comme contribution à la dialectique de la libération », in *La philosophie africaine hier et aujourd'hui* de Mbonda, Ernest-Marie, Paris, L'Harmattan, 2013.
TSALA MBANI, André-Liboire, *Biotechnologie et nature humaine. Vers un terrorisme ontologique ?*, Paris, L'Harmattan, 2006.

Philosophie

aux éditions L'Harmattan

Dernières parutions

ALAIN BADIOU
Vivre en immortel
Vinolo Stéphane
À la différence de penseurs comme Deleuze ou Derrida, Alain Badiou est un philosophe classique, cherchant à apporter des réponses aux questions les plus anciennes de la philosophie. Pour Badiou, la philosophie n'est plus au coeur du processus de production des vérités. Toute la pensée de Badiou nous enjoint donc à cesser d'être des animaux humains pour devenir des sujets, à ne plus survivre à l'aune de nos seuls intérêts, pour vivre pleinement, c'est-à-dire, vivre enfin comme des immortels.
(Coll. Ouverture Philosophique, 20.00 euros, 196 p.)
ISBN : 978-2-343-05087-4, ISBN EBOOK : 978-2-336-36612-8

CENT MILLIONS D'ORGASMES
Essai sur la pornographie
Rubino Francesco
La pornographie sera l'un des objets les plus invasifs des réglementations morales à venir. Aux positions naïves (M. Marzano) et aux reconstructions puristes (C. MacKinnon) et relativistes (M. C. Nussbaum, L. Williams), ce «pornouvrage» oppose le sens authentique de cette anomie érotique : le sens d'un corps opprimé qui, pourtant, pornographiquement écrit (A. J. Magliacane) et se resymbolise dans un cri (P. Pat Califia) ou se désymbolise dans un fantasme (Ch. Ackerman, E. Lemoine-Luccioni).
(Coll. Ouverture Philosophique, série Arts vivants, 24.00 euros, 240 p.)
ISBN : 978-2-343-05144-4, ISBN EBOOK : 978-2-336-36662-3

COURT TRAITÉ D'ONTOLOGIE
Bouvier Pascal
Pourquoi existons-nous ? Est-ce que nous existerons après la mort ? Autant d'interrogations profondément humaines qui sont prises en charge par la philosophie. Au sein de celle-ci, une discipline spécifique se consacre à la question de l'être : l'ontologie. Elle semblait tombée en désuétude et dans l'oubli depuis les critiques sévères de certains courants philosophiques. Ce traité tente de saisir les grandes lignes de cette histoire de l'être.
(Coll. Ouverture Philosophique, 14.50 euros, 148 p.)
ISBN : 978-2-343-04094-3, ISBN EBOOK : 978-2-336-36722-4

CRITIQUE (LA) RADICALE DE L'ARGENT ET DU CAPITAL CHEZ LE DERNIER-MARX

Matériaux pour une refondation du marxisme

Bayer Philippe

Ce livre s'inscrit dans une réflexion sur la Critique radicale associée à ce qu'on peut appeler le Dernier-Marx. Ce Dernier-Marx, on peut le lire dans l'édition française du *Capital* en un repositionnement de Marx, venant problématiser sa pensée objective précédente, qui réceptionnait un donné du mode de production capitaliste pour l'interpréter comme un donné de l'histoire. À cette entreprise ruineuse pour le mouvement ouvrier, le Dernier-Marx substitue une problématique radicalement subjective à partir d'une ontologie de l'identité vitale.

(Coll. Ouverture Philosophique, 25.00 euros, 248 p.)

ISBN : 978-2-343-04705-8, ISBN EBOOK : 978-2-336-36730-9

DÉCONSTRUCTION PHÉNOMÉNOLOGIQUE ET THÉOLOGIQUE DE LA MODERNITÉ OCCIDENTALE

Awazi Mbambi Kungua Benoît

Le puissant travail de déconstruction phénoménologique et théologique de la modernité occidentale fait apparaître l'autisme épistémologique qui caractérise son horizon de la Mathesis Universalis à la base de ses productions scientifiques, techniques, athées, consuméristes et médiatiques. À travers cet ouvrage, l'auteur opère un puissant tournant prophétique, mystique et thérapeutique de la théologie négro-africaine de la libération holistique, échappant ainsi aux schèmes idéologiques et politiques des théologies occidentales frappées d'obsolescence.

(33.00 euros, 320 p.)

ISBN : 978-2-343-03719-6, ISBN EBOOK : 978-2-336-36791-0

ÉVEIL BOUDDHIQUE ET CORPORÉITÉ

Marcel Antoine

«Voir dans sa propre nature», dans le bouddhisme zen, est une expression convenue qui désigne l'éveil. Pourquoi, et comment ? Observant l'importance première donnée au corps dans la pratique méditative, la mise à l'écart de la noèse, l'auteur, s'appuyant sur les développements de la pensée phénoménologique à la suite de Maurice Merleau-Ponty, tente une investigation de l'éveil bouddhique.

(Coll. Ouverture Philosophique, 12.00 euros, 108 p.)

ISBN : 978-2-343-05191-8, ISBN EBOOK : 978-2-336-36785-9

PROBLÈME (LE) KANTIEN DE L'ÉTHIQUE

Habiter le monde

Gaudet Pascal

La philosophie critique de Kant peut être interprétée comme une éthique, qui signifie non pas seulement l'impératif de la vertu, mais l'exigence d'une réalisation du souverain Bien en l'homme et dans le monde. Ce livre montre comment la recherche d'un passage de la liberté à la nature fonde le projet d'une « habitation » du monde et permet de penser le sens éthique de la philosophie en ses domaines théorique et pratique.

(Coll. Ouverture Philosophique, 12.00 euros, 110 p.)

ISBN : 978-2-343-05328-8, ISBN EBOOK : 978-2-336-36702-6

RACINE (LA) DE LA LIBERTÉ
Urvoy François
À l'issue d'un siècle qui a vu le plus grand écrasement des hommes et des peuples et en ce début qui en prend bien le relais, les préoccupations de liberté ont pris une urgence plus grande et plus sensible. Les investigations obtiennent jusqu'ici des résultats très décevants car elles s'attachent aux moyens externes sans jamais chercher qui et surtout comment on sera en mesure de les produire et de les mettre en œuvre. Il s'agit, ici, de remonter à la racine de la question : ce qui dépend de nous, ce que nous pouvons par nous-mêmes dans un monde qui nous produit et nous conduit.
(Coll. Ouverture Philosophique, 27.00 euros, 258 p.)
ISBN : 978-2-343-03005-0, ISBN EBOOK : 978-2-336-36731-6

SYMBOLIQUE (LE) ET LE TRANSCENDANTAL
Verley Xavier
Ce livre part du différend qui a opposé Frege et Husserl à propos du psychologisme. Comment ces deux pensées tournées vers une réflexion sur l'arithmétique ont-elles pu parvenir à deux conceptions si différentes de la logique ? Il est apparu qu'il s'agissait d'évaluer l'idée de représentation qui est au cœur du problème. Ainsi, faut-il se (re)présenter pour penser ou y a-t-il la place pour une pensée symbolique et aveugle ?
(Coll. Ouverture Philosophique, 30.00 euros, 294 p.)
ISBN : 978-2-343-02833-0, ISBN EBOOK : 978-2-336-36557-2

CRITIQUE ET ÉMANCIPATION
Recherches foucaldiennes sur la culture arabe contemporaine
Beghoura Zouaoui - Préface de Jacques Poulain
Cet ouvrage utilise les pensées de Michel Foucault dans la culture arabe. Il joint à une histoire socio-politique de cette culture une critique qui vise à y établir les conditions d'une émancipation réelle, indépendante de l'actualité brûlante qui semble la rendre aujourd'hui impossible. Cette expérience de critique socio-politique développe en effet les critères d'une émancipation intellectuelle qui conditionne toute émancipation sociale.
(Coll. La philosophie en commun, 17.00 euros, 176 p.)
ISBN : 978-2-343-04092-9, ISBN EBOOK : 978-2-336-36304-2

DU FÉMINISME DANS L'ŒUVRE DE MICHEL FOUCAULT
A demain le bon sexe
Essai
Sastre Danièle
«Le sexe, disait Foucault, ça s'administre, la sexualité, ça se subit ; quant à la sensualité, elle est chaque jour à inventer.» L'auteur a voulu rouvrir le dossier, emprunter les chemins qu'il a tracés en 1976 en écrivant son Histoire de la sexualité, qui est l'histoire des discours sur la sexualité, eux-mêmes histoire des corps investis par le pouvoir.
(27.00 euros, 268 p.)
ISBN : 978-2-343-04763-8, ISBN EBOOK : 978-2-336-36305-9

GASTON BACHELARD, UNE POÉTIQUE DE LA LECTURE
Buse Ionel
L'éthique bachelardienne est une éthique simple, mais pas du tout simpliste : l'homme du théorème est complété par l'homme du poème. Mais, si l'éthique est une direction de la pensée qui doit maîtriser notre avenir, la poétique est la source ontologique de cette pensée. C'est-à-dire la liberté de rêver doit être à l'origine de la liberté créatrice de la pensée ou de l'homme des théorèmes. En fait, il ne s'agit pas d'une éthique fermée dans les modèles artificiels d'une pensée techniciste, mais toujours d'une éthique soutenue, à l'origine, par une poétique de la pensée ouverte.
(Coll. Ouverture Philosophique, 16.50 euros, 160 p.)
ISBN : 978-2-343-04292-3, ISBN EBOOK : 978-2-336-36292-2

HOMME (L') EST-IL UN ANIMAL POLITIQUE ?
Physique de la misanthropie, entre littérature et philosophie
Ainseba Tayeb
Le compartimentage disciplinaire hérité du XIXe siècle pousse à opposer les intentions esthétiques de la littérature au chemin vers la vérité que serait la philosophie. Cette opposition nie la possibilité d'une philosophie littéraire tant que, réduite à un dogme, elle n'est pas critiquée. Ce livre, plutôt que d'opposer la littérature et la philosophie, raconte ce qui les rapproche en prenant un thème qui leur est commun, celui de la misanthropie.
(30.00 euros, 298 p.)
ISBN : 978-2-343-04870-3, ISBN EBOOK : 978-2-336-36346-2

LOGIQUE ET RHÉTORIQUE SELON CHAÏM PERELMAN
ou le jugement partagé – L'éloquence de la raison
Melcer Jean-François
Des trois volets de l'oeuvre de Chaïm Perelman – la philosophie du droit, l'éthique et la logique – le troisième est le moins connu. Les précédents tomes de *L'éloquence de la raison* ont mis l'accent sur les deux premiers. Il s'agit, à présent, d'expliciter les conditions épistémologiques de possibilité de la nouvelle rhétorique, conçue comme logique argumentative, non comme technologie persuasive.
(Coll. Ouverture Philosophique, 31.00 euros, 304 p.)
ISBN : 978-2-343-04209-1, ISBN EBOOK : 978-2-336-36286-1

MERLEAU-PONTY - FREUD ET LES PSYCHANALYSTES
Le Baut Hervé
Le parcours de Maurice Merleau-Ponty ne peut se comprendre sans le fil rouge de la Psychanalyse : dès sa thèse, il restaure le primat de la perception et du corps sexué à la lumière de Freud et de Binswanger. A la Sorbonne, il renouvelle la Psychologie de l'enfant en y intégrant M. Klein, J. Lacan et F. Dolto. Au Collège de France plusieurs cours font des rêves et de la libido une dimension inéluctable de l'humain. De nombreux psychanalystes et psychiatres se sont « laissés interroger par lui « : citons : H. Ey, A. Hesnard, P. Fédida, A. Green, J. Laplanche, J.-B. Pontalis, Luce Irigaray…
(Coll. Ouverture Philosophique, 24.00 euros, 296 p.)
ISBN : 978-2-343-04080-6, ISBN EBOOK : 978-2-336-36381-3

L'HARMATTAN ITALIA
Via Degli Artisti 15; 10124 Torino

L'HARMATTAN HONGRIE
Könyvesbolt ; Kossuth L. u. 14-16
1053 Budapest

L'HARMATTAN KINSHASA
185, avenue Nyangwe
Commune de Lingwala
Kinshasa, R.D. Congo
(00243) 998697603 ou (00243) 999229662

L'HARMATTAN CONGO
67, av. E. P. Lumumba
Bât. – Congo Pharmacie (Bib. Nat.)
BP2874 Brazzaville
harmattan.congo@yahoo.fr

L'HARMATTAN GUINÉE
Almamya Rue KA 028, en face
du restaurant Le Cèdre
OKB agency BP 3470 Conakry
(00224) 657 20 85 08 / 664 28 91 96
harmattanguinee@yahoo.fr

L'HARMATTAN MALI
Rue 73, Porte 536, Niamakoro,
Cité Unicef, Bamako
Tél. 00 (223) 20205724 / +(223) 76378082
poudiougopaul@yahoo.fr
pp.harmattan@gmail.com

L'HARMATTAN CAMEROUN
BP 11486
Face à la SNI, immeuble Don Bosco
Yaoundé
(00237) 99 76 61 66
harmattancam@yahoo.fr

L'HARMATTAN CÔTE D'IVOIRE
Résidence Karl / cité des arts
Abidjan-Cocody 03 BP 1588 Abidjan 03
(00225) 05 77 87 31
etien_nda@yahoo.fr

L'HARMATTAN BURKINA
Penou Achille Some
Ouagadougou
(+226) 70 26 88 27

L'HARMATTAN SÉNÉGAL
10 VDN en face Mermoz, après le pont de Fann
BP 45034 Dakar Fann
33 825 98 58 / 33 860 9858
senharmattan@gmail.com / senlibraire@gmail.com
www.harmattansenegal.com

L'HARMATTAN BÉNIN
ISOR-BENIN
01 BP 359 COTONOU-RP
Quartier Gbèdjromèdé,
Rue Agbélenco, Lot 1247 I
Tél : 00 229 21 32 53 79
christian_dablaka123@yahoo.fr

Achevé d'imprimer par Corlet Numérique - 14110 Condé-sur-Noireau
N° d'Imprimeur : 120604 - Dépôt légal : juillet 2015 - *Imprimé en France*

www.ingramcontent.com/pod-product-compliance
Lightning Source LLC
LaVergne TN
LVHW021209061026
849535LV00008B/2642